成功班主任案头必备

名校班主任教育案例精选

刘梅 编

航空工业出版社

北京

内 容 提 要

教书育人首先要讲究实事求是、因材施教，遵循教育规律和中小学生身心成长规律；其次要平衡心态，切忌急功近利，拔苗助长。本书从后进生建议、中等生教育、先进生教育、偏科生教育、贫困生教育、富裕生教育、体弱生教育、单亲生教育和特长生教育等9个方面针对性地进行了全面、细致的阐述，并配有教学案例。

本书适合中小学班主任阅读，也可作为教师培训教材及图书馆收藏。

图书在版编目（CIP）数据

名校班主任教育案例精选/刘梅编. —北京：航空工业出版社，2017.10（2022.3 重印）

ISBN 978-7-5165-1338-5

Ⅰ.①名… Ⅱ.①刘… Ⅲ.①中小学－班主任工作－案例 Ⅳ.①G635.16

中国版本图书馆CIP数据核字(2017)第233323号

名校班主任教育案例精选

Mingxiao Banzhuren Jiaoyu Anli Jingxuan

航空工业出版社出版发行

（北京市朝阳区京顺路5号曙光大厦C座四层　100028）

发行部电话：010-85672663　010-85672683

永清县晔盛亚胶印有限公司印刷　　全国各地新华书店经营

2017年10月第1版　　2022年3月第2次印刷

开本：710×1000　1/16　　印张：14　　字数：160千字

印数：5001—11000　　定价：28.00元

前言

教师是塑造人类灵魂的工程师，而班主任则是战斗在这一阵地最前沿的战士，是一班之魂。据统计，全国有中小学生2亿多人，有中小学教师近1000万人，其中班主任大约有500万人。他们承担着独特而艰巨的任务，活跃于教育前沿阵地。

教育是艺术，但它首先需要科学的审视，需要我们以理性、客观、严谨的态度，去了解可以做什么，不可以做什么，怎样做才能避免工作过程中的失误，怎样做才能达到预期的结果。这样，才能避免出现因悟性不同而产生巨大差异的情况，才能使班主任在工作中尽快找到方向，从而确保基本的教育质量，不使学生为班主任工作的盲目性与随意性“埋单”。

不管是课改前还是课改后，管好一个班级，犹如搞好一个系统工程，班主任从任职那天起就要有十分强烈的“质量”意识，要真正在培养学生高尚情操、塑造学生美好心灵上下功夫。班主任只有树立起全新的教育观、质量观、人才观，才能培养出适应21世纪竞争形势的创新人才。因此，班主任不仅应该具有崇高的职业道德、无私的敬业精神、渊博的专业知识和科学的教育理论，以及现代教育观念和开拓创新精神，而且还需要不断提高自身的素质修养与专业工作技能，科学而艺术地教育孩子。

《成功班主任案头必备》丛书对班主任的角色、任务、操作系统进行了界定：班主任是全面关心学生发展的人，是学生的精神关怀者，是学生生命中的“重要他人”。因此，班主任应学会精神关怀，学会班级建设，应在具有发展性的班级教育系统中，促进学生的全面发展。

这是一套集思广益的书，分别从班主任的师德修养、心育艺术、语言艺术、新型工作方法、精选教育案例等方面进行了大量翔实、具体、生动的描述，并有针对性地进行了分析提炼，对班主任提高自身的素质和工作技能具有较大的借鉴价值和实用价值，具有一定的指导作用和启发意义。

希望本丛书的出版，能为广大班主任提升自身素质和专业技能提供一定的帮助，推动我国班主任工作事业向着新的高度迈进。

编　者

目录

Contents

作为班主任，大都偏爱优等生，一味包容优等生，在中等生和后进生看来，就是班主任不公平、不公正的表现，同时也会滋长优等生的傲气，这样班主任也就得不到学生的尊重。

学校开设的各门学科都是为了孩子的全面发展，经过科学论证和实践检验而设立的，偏废任何一门课程，犹如修建高楼大厦时地基缺了几样关键的东西，其后果是很严重的。

班主任是班集体的组织者、教育者和引导者，日常工作琐碎、繁杂，面对有些家庭条件贫

第一编

后进生教育案例

后进生一旦从教师一个赞许的眼神、一个真诚的微笑、一句由衷的赞语、一下轻柔的抚摸中意识到被重视、被赏识，便会感到无限的温暖。转化后进生，需要班主任在工作中多一份宽容，少一份责备，把爱的甘露洒进每一个后进生的心田。

要把学生造就成一种什么人，自己就应当是什么人。

——车尔尼雪夫斯基

巧撒甘露转化后进生

后进生是学校中的一个普遍现象。由于学生生理、心理发展尚未完全定型，我们可以把一些在学习习惯、认知程度上暂时跟不上同类学生发展水平的那一部分学生称之为后进生。通过对这些后进生的类型、成因进行分析，可寻找有效的教育方式，以取得理想的教育效果。

一、后进生的概念界定

程老师认为：在自己的教学或与同事的交流中，后进生现象是经常会遇到的。如何对这些后进生进行教育和转化，是班主任们都很关注的事。

后进生一般来说是指不爱学习、上课调皮、不守纪律的学生，这一时期由于他们的生理、心理发育尚未完全成熟,其发展具有很大的可塑性。由于受自身发展和外界因素的影响,其发展轨迹会出现多种不同趋势。程老师把一些在学习习惯、认知程度上暂时跟不上同类学生发展水平的那一部分学生定为后进生或者叫做暂差生。

二、后进生的类型分析

(一)盲目型

一些学生在学习上无所事事,非常随便。你问他为什么到学校来?他说:“妈妈叫我来的。”你问他为什么要读书?他就说:“老师叫我读的。”这一类学生,没有明确的学习目标,不知道学习是为了什么。学生在学习中掌握不了学习要领,不能养成良好的学习习惯,时间一长,慢慢地就跟不上趟了。

(二)顽皮型

有些学生天资聪慧,接受和反应能力均较好;但就是坐不住,好动,好随便插话,不守规矩,缺乏自制力。有些老师或家长动辄将这部分学生说成是多动症,学生自己也会认为这是毛病,改不掉了。于是就自由放任下去,逐渐与同学拉开了距离。

(三)贪玩型

有些学生对新鲜事物特别感兴趣,上课不专心听讲,窗外或教室内稍有动静,便坐不住了。学习意识不强,常拖拉或欠交作业。即使老师留下来补做、罚做,下次还犯。久而久之,形成了懒惰、贪玩的习惯,学习上就跟不上整体的发展了。

(四)自卑型

有些学生性格内向,胆小怕事,不敢与老师或同学交谈,上课时不敢主动举手发言,怕说错话被老师批评、被同学讥笑,总觉得自己不如别人。学习中有不理解的地方也不敢主动提问,常常是囫囵吞枣,似懂非懂,影响了智力的正常发展。

(五)自暴自弃型

也有些学生因常受家长或老师的批评,觉得抬不起头来,产生了破罐子破摔的念头,学习上自暴自弃,不思上进。有时还与老师、家长顶撞、作对,不时弄出点什么事来,令老师、同学反感。老师同学们很少去关心他们、真诚地去帮助他们,使他们逐渐与班级整体水平拉大了距离。

三、后进生的成因分析

(一)先天因素

学生个体受遗传基因、生理发育障碍、先天性生理残疾等因素的影响,比如智力发育迟钝、呆滞、近视、色盲、听力障碍、肢体残疾、心脑疾病等等,都会不同程度地影响到学习习惯的养成、心理和智能发展的水平,严重者会使教育无法正常进行。

(二)家庭因素

家庭是学生受教育的第一环境,父母是孩子第一任老师。

无数事实证明，家庭环境的影响，会很大程度上左右学生的发展方向和发展水平。家长的婚姻离异，家庭暴力，父母或祖父母的溺爱、宠爱，家长不良的兴趣爱好等都会不自觉地给孩子带来消极影响，迫使孩子的发展变化偏离了正常轨迹。

（三）心理因素

有些学生胆小怕事，注意力分散、兴趣不专一、意志力不强，这些心理因素也会影响学生的正常发展。有些生活或学习中的挫折，也会使学生产生一些心理障碍，如害怕、厌恶等，这些都直接影响到学生品德、心理和智力的发展。

（四）环境因素

这里的环境主要指的是学生生活的社会环境，如与同学、朋友、亲戚的交往和媒体（电视、电脑、游戏机）等。学生好模仿，是非判断能力较差，分不清好坏，凭兴趣接受、模仿，无主动意识地犯一些过错，这是常事。

（五）教育因素

学校的教育，是影响学生发展的一个主要因素。有些教师缺乏爱心、耐心，态度粗暴，教育方式不当，会使学生从不喜欢教师发展到不愿接受正常的教育，从而影响到他们的正常发展。

四、后进生的矫治措施

（一）班主任的工作热情

作为一名班主任，首先要对教育事业有满腔的热忱，对学生充满爱，在日常工作中要有爱心、有耐心，像对待自己的孩子一样对待自己的学生。其次一个班主任要有高度的修养与涵养，不能简单地凭个人的好恶来要求学生，对待学生。班主任切忌粗暴、草率地对待学生，尤其是对待一些有生理或心理缺陷的同学。对一些暂时跟不上整体发展水平的学生，要有高度的责任心，满腔热情地去帮助他们，想方设法地亲近他们，取得他们的理解和认同，为我们对他们的教育奠定良好的基础。

（二）班主任的教学方式

一个班主任要研究学生，特别是要研究那些后进生的生理、心理特点，找到影响他们发展的主要原因，努力寻找教育的最佳途径、最佳时机和最佳切入点，用心去教育，从而收到最佳的教育效果。

（三）班主任的教育途径

课堂是教育的主阵地、主渠道。但对一些后进生来说，个别教育、小组教育，再加上家庭教育的配合，其效果可能要比集体教育来得更好一些。这就需要班主任花费更多的时间和精力，根据不同学生的具体情况进行具体分析，对症下药，逐步加以转化，使这些后进生慢慢跟上班级的整体发展水平。

（四）学校的教育环境

影响学生发展的因素是多方面的。政府、学校、家长都有责任为学生的健康成长和正常发展提供良好的生活、学习和交往环境，要尽可能地使学生接受健康、正面的教育，减少负面影响。

（五）周边环境的评价

人一般都喜欢表扬。以表扬为主，也是教育的一个基本原则。尤其是对那些后进生，班主任不要过分“怜惜”表扬，而要善于发现和挖掘那些后进生的某些变化和进步之处，及时给予表扬，让他们也能尝到成功的喜悦，努力摆脱后进生的阴影，去掉心理负担，轻松学习，从而很好地跟上大家一起进步。

典例介绍

后进生学习成绩差，缺乏爱和信任，常会感到自卑。美国的一位心理学家威廉·詹姆斯有句名言：“人性最深刻的原则就是希望别人对自己加以赏识。”他还发现，一个没有受过激励的人仅能发挥其能力的20%～30%，而当他受到激励后，其能力可以发挥80%～90%。可见，在转化后进生工作中，表扬激励的运用极为重要。后进生一旦从教师一个赞许的眼神、一个真诚的微笑、一句由衷的赞语、一下轻柔的抚摸中意识到被重视、被赏识，便会感到无限的温暖，如同受折磨而焦渴的小苗吮吸甘甜的晨露，进而点燃希望之火。这种转化后进生的甘露如何洒？程老师的体会是不妨从以下三个方面来做。

一、抓住契机

平时表扬学生，班主任常常用甲学生之长去比乙学生之短，即所谓横向比较。对于后进生，则宜采用纵向比较，用他的今天同他的昨天比。学生一旦有进步，班主任应抓住机会，及时表扬其进步点。

刚接过一个新班，程老师了解到班里一个叫小杜的学生从来不做作业，被同学称为“低能儿”。有一次做课堂作业的时候，程老师意外地发现小杜正一笔一画地抄写，于是就轻轻抚摸了一下他的头，立刻当堂表扬了他的认真。他满脸通红，抄得更认真了。当程老师把他的作业本展示给全班学生看时，他满脸的喜悦代替了平时的迟钝和冷漠。也许这一次的认真，只是小杜一时的心血来潮，他并没有想到会受到老师的重视，一次简单的表扬竟在学生心里产生了巨大的激励作用。在这以后，小杜每次都认真地完成作业，而且每次的作业都不落下。

二、注意场合

对于性格内向、自卑感强的后进生，程老师一直坚信：每个学生内心都有进步的愿望，后进生更是如此，他们更需要教师的赏识。因此在平时，程老师十分注意表扬场合的公开性，让后进生在众人面前品尝到幸运的甘甜，然后自豪地抬起头来走路。

小莉因种种原因留级，好长一段时间，她愁眉不展，自卑的阴影笼罩着她。一堂公开课上，小莉怯怯地举手，答对了一个问题，程老师马上向她翘起了大拇指惊喜地夸奖：“你回答得真棒！老师相信你今后会学得更好！”后来，小莉在周记中写到：“当程老师喊到我的名字时，我一愣，站起来紧张得两条腿直发抖……没想到老师会当着这么多人表扬我，那时同学们都羡慕地望着我，我一时高兴得忘记了坐下。因为，这是我从来没有受到过的夸奖呀！以后我要更加积极，我肯定不会令老师失望的！”可见，学生犹如一条船，他的求知欲就是船上那扬起的帆，班主任应不断给学生送去幸运的东风，让学生乘着东风体验成功的愉悦。

三、尊重爱好

转变后进生，班主任还要善于发现他们身上的闪光点，充分尊重其爱好，因势利导。

小超是班上鼎鼎有名的调皮鬼，学习成绩极差，但篮球打得非常出色，是学校篮球队的一名主将。针对这样的后进生，程老师采取的是鼓励、表扬、激励三级表扬的方法。

平时程老师抽机会给他讲述乔丹等世界著名球星小时候认真学习的故事，点燃他求学上进的火花；同时，称赞他的球技，鼓励他在训练中要认真刻苦。其中考试前，程老师对他加强课外辅导，还请几位班干部和他结伴，在双休日帮他补习功课。

一段时间后，小超的学习慢慢进步了，程老师在班会课上表扬他学习勤奋、知难而进的精神，也希望他在篮球比赛中为学校争光。此后，程老师发现他以自己特有的一种自豪感推动着自己的学习。小超课上坐不住的现象减少了，期中考试打破了语文、数学一直拿红灯的记录，同时在市级篮球锦标赛中，他以个人得分最高的成绩为学校赢得了团体第二名。程老师送给他一个篮球模型，并在基座上写着一句激励的话："今天，打下扎实的知识基础；明天，你的球会投得更出色！"

转化后进生，需要教师在工作中多一份宽容，少一份责备，把爱的甘露洒进每一个后进生的心田。

教员不是拿所得的结果教人，最要紧的是拿怎样得到结果的方法教人。

——梁启超

不要忘记后进生

谷老师常把孩子比作是早晨的太阳，把后进生看作是迟升的朝阳。她认为：比起其他学生，后进生更需要班主任的细心呵护、关怀体贴、理解尊重和谆谆诱导。

人的禀赋、爱好、性格是不同的，谷老师不是只盯着学生的学习成绩，而是善于发现每一个学生，尤其是后进生潜在的“宝藏”。程老师最大的愿望就是看着他们更好地认识自己、欣赏自己和发展自己。

另外，转化后进生，单靠班主任一方的力量可能薄弱了些，需要学校、家庭、社会携起手来，创造和谐温暖的教育环境，才能拨去他们心头的云雾。这是因为，后进生的转化有其反复性和多变性，绝非一朝一夕之功，要有长期不懈地思想准备。

在转化后进生的工作中，班主任要充当好三种角色：良师、益友和慈母。只有这样，才能使每一朵小花都展开美丽的花瓣，每一颗宝石都发出灿烂的光芒。

谷老师认为：作为一名班主任、一名教师，有责任、有义务帮助教育好这些后进生，使他们也能和其他学生一样健康、快乐地成长，展现自己独特的风采。如何使后进生进步，下面是谷老师的几点体会。

一、春风细雨润心田——关心爱护

对学生的热爱，是班主任在履行职责时对教育对象产生的一种强烈的、高尚无私的道德情感。有的班主任不能对全体学生一视同仁，厚此薄彼，偏爱优生；而对各方面扯班级后腿的后进生，要么疾声厉色，整天训斥，要么不管不问，视而不见。“粗暴型”和“冷淡型”都极大地伤害了他们的自尊心，挫伤了他们的积极性。

爱学生不是抽象的、虚幻的，而是具体的、现实的，渗透在对学生的一言一行之中。平时，班主任应细心观察后进生，了解他们的学习、生活和思想情况，在各方面帮助他们。

关心就如一缕春风，吹开了后进生的心门，信任和尊重就像一阵细雨，慢慢地、悄悄地滋润着后进生的“心田”，让他们内心涌动起一股暖流，一股上进之流。

二、转压力为动力——鼓励为主

多一些关怀，少一点责难，将更容易赢得学生对班主任的感情。要注意观察，做到对学生情况吃深吃透，以便在他们退缩时推一把，跌倒时扶一把，遇到困难时帮一下，失去信心时鼓励一下。在一有变化预兆，就要及时捕捉情况，并打好“预防针”，阻止其继续下滑。班主任还要经常来到他们中间，听一听他们的想法、要求、希望以及内心的“小秘密”。要善于发现他们身上的闪光点，多鼓励，多打气，多赞美，使其增强自信心。“亲其师”就会“信其道”，他们会感到老师是爱他的，是真心帮助他的，是为了他好。一旦意识到这一点，他们自然会认真完成班主任提出的各项要求。

三、促成转变主动性——信任尊重

关心只能启动转变，而要让进步成为后进生的内在需求，变“要我提高”为“我要提高”，就还需要老师的信任和尊重。

后进生因为屡教屡犯，常常导致老师的恼怒，父母的责怪，同学的嘲笑，可能自己都不信任自己了。班主任切忌用挖苦、讽刺、刻薄的语言来刺伤他们的自尊心，而应从内心去尊重他们。倘若后进生认为自己反正学不好了，产生“破罐子破摔”的心理，本来事半功倍的事情，就有可能事倍功半。

四、一把钥匙开一把锁——对症下药

为了更好地带动后进生与其他同学共同进步，需要分析后进生的后进原因，了解他们的兴趣和爱好，了解他们的苦恼和欢乐，了解他们的性格和才能，了解他们的理想和追求，了解他们的家庭环境及在家中的地位等等。只有全面了解后，班主任通过把各种资料加以分析、综合，才能剖析出后进生之所以后进的原因。

有的后进生后进是因为思维慢，接受新事物的能力差，谷老师就成立了一个“1 + 1”互帮小组，让一些耐心细致、责任心强的优等生辅导后进生，多遍讲解、多次练习后，后进生记牢了、理解了，优等生也进步了。有的是因为长辈溺爱，缺乏处事经验，引发自卑，胆小，丧失自信心。针对这种情况，可分三步走：明理、体验、固行。多给他们创造一些机会，让他们多锻炼，只有在身体力行中，才能让他们品尝到成功的喜悦，成功的快乐。

五、拨开云天见明月——齐心协力

有些后进生，往往是由于家庭的教育不当所造成的。曾有父母到校告诉谷老师其子女在家每天看电视看到晚上10点，谷老师问其为什么不阻止，家长竟回答：“没人管得了他。”还有一位父亲对孩子平时不管不问，一旦发现孩子犯错误了，抓起来就是一顿棍棒。“溺爱型”和“棍棒型”都极大的阻碍了学生的健康成长。

谷老师知道后，主动为这些家长在图书室借阅了一些如何教育子女以及有关普法教育的书籍。后来，这些家长感慨地说：“谷老师，多亏你那些书，没想到，太放纵了或是太严了都不行啊。今后我们也要注意一下教育方法。”

除这五点外，谷老师还认为：班主任应做到为人师表，让后进生以自己为楷模，“其身正，不令而行，其身不正，虽令不从”，古人的教诲是不能忘记的。学生的心灵是最纯洁的，对犯错误的学生更应该引导得当。

相信每个学生心里都埋藏着一团火种，只要你善于点拨，它就会熊熊地燃烧起来。班主任就是要设法为后进生创设鼓励他们前进的环境，精心为他们搭建成长的舞台，这样每个学生蕴藏着的聪明才智才可以充分发挥，埋藏在学生心底的渴求上进的火花才能熊熊燃烧。

典例介绍

案例一：倡导民主和谐的师生关系

在日常工作中，谷老师善于与学生进行沟通，她鼓励班里的学生把她当朋友，有什么事都可以向她诉说，也可以用写信的方式进行交流。多年来，学生们一直把她当成知心朋友。她们班中有一个叫小旭的男生，发音有些缺陷，口齿不清，因此经常受到同学们的取笑。于是他变得沉默寡言，脾气越来越怪，别人有时只看他一眼，他就觉得是在嘲笑他，所以打架、骂人的事情频频发生。

谷老师知道这一情况后，不是简单地以班主任身份批评学生，因为谷老师知道即使学生改正了，也是迫于教师的压力，并不是从内心去改变。所以她一方面经常找小旭谈心，告诉他：没有人能十全十美，最重要的是心灵美。只要认真努力地读书，取得好成绩，同学们一定会另眼相看的。另一方面她努力做好班中其他学生的思想工作，利用班会活动教育其他同学换位想想，“如果换了你，你会怎么样？我们不应该揭小旭的短处，而应该主动关心他、帮助他，向他伸出友爱之手。”并且和学生们一起讨论怎么样帮助小旭同学，结果学生们从思想上、行动上都有了彻底的改变。

谷老师在日常工作中，非常讲民主。她注意倾听每一个学生的心声，学生有什么意见都可以向她提。所以在她抽屉里，有许多学生给她的纸条。“谷老师，我希望你多给我们组织一些有趣的活动。”“谷老师，我看早读课不一定要班干部负责，我们也可以试试。”……谷老师经常说，这些纸条是她做好班主任工作的小秘诀。还有班里有个女生在日记中写到：“谷老师像一把公平的秤，她从不偏心，是一个真正合格的班主任。”

案例二：家校联系以真诚换真心

几年来，谷老师坚持不懈地开展家访工作。在与家长的接触中，她不是一味地报忧，大多时候她会把学生的点滴进步和家长共同分享。和家长交谈时，对学生她从不责怪，从不冷嘲热讽，从不转嫁责任。她对家长的一些做法表示理解，同时加以指导。

谷老师班中有一个姓陈的女生，家庭比较特殊，姐姐是个残疾人，在政策的允许下，父母到了中年才又生下她。所以，他们对孩子十分宠爱，孩子想要什么就给什么，渐渐地这个孩子养成了乱花钱的坏习惯。由于父母都是工人，收入不高，因此她经常为了钱的事和父亲吵架，一次竟因为没要到钱而不来上课。

谷老师获知这一情况后，亲自来到她家，她父亲不在，小陈一个人正在看电视。当她看到谷老师时，很吃惊。她想，谷老师怎么会找到她家呢？因为她家离学校很远，而且交通不便。

谷老师见到那位学生，并没有严厉地批评指责她，而是循循善诱。在谈话中得知,原来因为和父亲吵架,她的书包被她的父亲扔了,所以不能来上学了。谷老师亲切地摸着她的头告诉她:“现在不好好学习,将来可什么事都干不了啊!你生活在这样一个家庭里,更应该体谅父母。”

小陈在谷老师的教育下,流下了悔恨的泪水,表示明天一定去上课。同时,谷老师还找到了她的父亲,进行了长时间的谈话,那位家长也认识到了自己教育方法的不当之处,表示今后会用恰当的方法慢慢来改变女儿的缺点。轻松的交谈,婉转的话语,真诚的帮助,犹如一缕春风化解了父女之间的矛盾。从那天起,小陈再也没有缺一天课,乱花钱的习惯也慢慢有所好转。

后进生自己经常会感到痛苦，但更难过的是老师。任何一个学生没有培养好，都会深深刺痛老师。

——苏霍姆林斯基

用爱心架起心灵沟通的桥梁

方老师1995年大学毕业，“永远无愧于学生”这是她对自己提出的最高标准。十二年间，她一直担任两个班的语文教学及班主任工作，所带班级多次被评为校、区先进班级，其本人亦多次被评为各级先进工作者。

一、建立良好的班级管理体制

在班级管理上，方老师始终把班干部当作骨干，同时让全班同学共同参与班级管理。她认为班级是大家的，每一份工作只有靠全班同学的共同努力才能完成，人人都是班级的主人，班干部起着组织领导作用，同时也将学生们的特长在班级管理建设中发挥出来。于是她在班中组建各职能部门的时候，规定每个同学必须至少参加一个部门的工作，有特殊才能的，也可以跨部门工作。这样一来，学生们的热情高涨起来，都觉得自己有了用武之地，班级荣誉感也不断地增强了。

每个部门的成员落实到位后，就在部长的主持下开会、订计划、立方案，各项工作得以有条不紊地进行。例如，生活部出色完成了每次费用收缴工作，由部长每月一次将班会费清单贴于班中公告栏，做到财务公开；劳动部安排好每天值日及每周大扫除工作，并建立劳动质量监督体系；学习部成员做好每次考试动员工作，安排好学习、复习计划；文娱部成员成功地主办了每次主题班会。

二、为人师表不断学习新的知识

方老师认为："若要教给学生一升，首先自己得有一斗。"多年来她总是像学生时期那样勤奋学习、刻苦钻研，不断提高自己的业务素质，掌握精湛的业务知识，函授完公共事业管理的本科后，又继续自学了浙江大学的汉语言本科。方老师在教学业务上更是治学严谨，一丝不苟。

多年来，方老师在语文教学中投入了全部的热情和心血，为追求完美，她积极探索大胆创新，与前辈老师探讨，向青年教师学习，博采众长，取长补短，逐渐形成了自己独特的教学风格，深受学生们的喜爱和认可，并且多次在学校优质课评比中获奖。由于方老师追求教学形式的多样，注重教学气氛的活跃，强调语文学习的感性积累，加强对有特长的学生进行个性化的学习指导，因此方老师的倡导语文学习由课内向课外延伸，语文教学取得了良好的效果,学生的语文素养也有了全面的提高。

三、用创新意识培育一代开拓人才

创新教育在教学中起着极为重要的作用,在班主任工作中更是这样。针对班上学生迷恋网吧的现象,方老师不是粗暴制止,而是通过召开主题班会,展开民主讨论;不是堵,而是疏导,引导学生正确利用电脑,将他们对电脑的热情引导到辅助学习的轨道上来。

一个关切的眼神,一句鼓励的话语,一阵热情的掌声,一次善意的举动……这都是方老师在播撒着她对学生们的爱。方老师举手投足的瞬间,都在孩子们的人生道路上留下了深深的烙印。用爱去点燃生命,才是教育的真谛。爱心是最好的肥料,用它灌溉的花朵一定最美最香,永不凋谢!方老师相信爱在温暖照亮别人的同时,也使自己充满了力量!只有这样,她才能永远无愧于她的学生!

从教十二年以来,方老师一直担任班主任工作。她一直坚持“以人为本”的教育思想,始终投入百分之百的热忱和激情,热爱、关心每一位学生。坚持科学、民主的班级管理方法,引导学生自主、自觉、高效地学习,不断地充实和发展自我。她坚持真诚地和家长联系、沟通,争取最充足、最有效的家教资源,拓展学生们健康成长的空间。爱心教育、情感教育以及对于学生的自主、自律教育,在历届班级管理中都取得了良好的效果。

方老师始终认为:一旦教育教学中忽视了人的情感因素,一味地加以纪律、分数、训斥甚至讽刺、打击、压制,教育将变得苍白无力。自己最成功的经验就是坚持和体现了“以人为本”的思想。

有人说：“疼爱自己的孩子是本能，而热爱别人的孩子是神圣。”在方老师眼里，不管是干部家的子弟，还是普通人家的子女，不管学生家庭是富有还是贫穷，学生成绩是差还是好，她都一视同仁，有教无类。

多年来方老师养成了一个“怪癖”——偏爱后进生。这种“怪癖”却也是形成良好集体氛围的一个重要因素。它使集体的凝聚力更强，使每个学生都一同上进。

每届所任班级，班里都会有五六个学习后进生，他们成了方老师的“研究生”。看着他们能够天天向上，虽然方老师多花一点时间和精力，却也让她很有成就感。同时后进生的不断赶超也刺激了其他同学，“水涨船高”，良好的学习氛围也就能不断形成。而且，班主任的示范作用是无穷的，方老师对后进生从来不歧视，这也激发了学生们之间的互助意识，班级体亲如一家。

2002 年，方老师班上有一名叫小程的男生，令任教老师十分头痛，不但成绩差，而且一再违反校纪校规，还经常与一些社会上的“混混”在一起，对老师的批评教育更是不加理睬，即使是受到警告处分还依然如故。

开学的第一天，方老师就去找他谈话，想不到不管方老师说什么、问什么他都一言不发。很无奈，方老师只能另辟蹊径，慢慢地了解到他家的情况。

小程原是个好男孩，学习成绩虽然不是太好，但为人很热心，只是家里收入很低，还有两个双胞胎弟弟。父亲赌博输光了家里的积蓄，同学们都在背后议论他，才使他变成现在这个样子。

知道这些情况后，方老师开始不停开导和鼓励他，让他担任班里的清卫副班长，并为他补习功课，家里女儿吃的食品拿到办公室悄悄送给他吃，学校征订的书籍她用自己的钱给他垫上。没想到，功夫不负有心人，一个学期下来，小程跟换了个人似的，期末每门考试都能及格了。

古人语："以责人之心责己，以恕己之心恕人。"方老师认为：做老师，不仅要有一颗爱心，更要有一颗宽容之心。要有宽容大量的气度，要学会理解学生的行为举止、思想观念，只有这样才能与学生进行更好的沟通、更利于对学生的教育。

班上曾有一位逆反心理较重且思想比较固执的学生小郑，总是逃避值日劳动，多次批评教育，他始终不改。那天，轮到他值日，一大早，方老师就把黑板、桌子擦得干干净净，等学生到齐后，她并没有当众批评小郑，只是私下里和他单独谈话，希望他下次能早点过来。打那以后，小郑认识到自己的错误，逐步改掉了怕苦怕累、不做值日的坏毛病，再也没有逃避过值日。这虽然是一件小事，却体现了方老师宽大的胸怀，不仅教育了学生，也改变了这个学生的不良习惯。

中学生无论是心智还是身体都还没有完全发育成熟，许多班级公约之类的事，光靠说教是维持不了几天的。而如果设计一些活动，加以刺激则可以收到良好的效果。如，遇到同学常常不能及时上交作业的现象，方老师就设计六人小组的对抗赛，看哪个小组作业交得最及时，哪一个小组作业的质量最高等，这样的效果就和原来的效果完全不一样了。

对学生进行及时、正确、公正的评价，也是“为了学生的一切，一切为了学生”的工作方法之一。所以单一用分数来衡量一个学生显然是不科学的。在平时的学习、生活、工作中，方老师十分重视对学生进行合理的评价。如一次大扫除后、一次集会后、一次班队活动后、一次班报刊出后、一次值日后，甚至一节自习课后都要进行全面的评价，让学生明辨是非，及时反思，不断进步。

班主任工作确实烦琐、细碎、充满挑战，它需要用爱心、用真诚、用智慧去耕耘、积累。在这么多年的耕耘积累中，方老师体会过酸、甜、苦、辣，可是更多的是醉心的快乐。不是因为多次捧得的“优秀班主任”的荣誉证书，而是因为她收获了广大家长的信任和同学们的尊敬和喜爱，最重要的是她看到了一群群孩子在她身边健康、快乐、和谐地成长着！

当教师把每一个学生都理解为他是一个具有个人特点的、具有自己的志向、自己的智慧和性格结构的人的时候，这样的理解才能有助于教师去热爱儿童和尊重儿童。

——赞科夫

稳用“围而不打”招

班主任接班的时间长了,师生之间相互会逐渐熟悉起来,在最初的试探过去之后,师生间会形成一种对峙状态。这种对峙状态永远都是存在的,只不过有些班主任处理得巧妙一些,有些班主任处理的笨拙一些而已。

在这种对峙状态下,班主任与学生之间每天都在进行着一些你来我往的“斗争”,这种“斗争”与军事中的阵地战非常类似,只不过学生工作的阵地战是无形的,看不到摸不着的,但是如果我们认真观察,这个阵地的界限还是非常清晰的。

首先有校纪校规,其次还有班规。学生要是个个都很老实,从不违反纪律,那班主任的工作就轻松了。但是这通常都是美好的愿望,学生中常常有那么几个不是省油的灯,总会给老师添那么一些乱子，要是班主任处理方法不当，班级弄得一团糟，纪律失控，班主任的阵地也就全部被学生夺走了，班主任只能接受失败的结局。除了守住自己的阵地之外，班主任还得要进攻学生的阵地。班主任总是有教学任务的，现在的学生，娇生惯养的多，能吃苦的少。班主任的教学要求往往要被学生打折扣，对于个别学习情况很糟糕的后进生，班主任就得使出一些“手段”了。除此之外，在一些突发事件中，班主任也不得不面对一些难度很高的攻坚战，班主任如果缺乏经验，仓促上阵，遭遇“滑铁卢”的事也是经常的。

一、挖好自己的战壕

对于班主任来说，要守的阵地很多。以前的班主任通常要守住“师道尊严”这个阵地，现在的班主任观念比较开放，对此并不十分斤斤计较，然而班主任毕竟还是教师，有一些底线是不能被学生攻破的。

譬如说，我们不能容忍学生当面直呼班主任的名字或直呼其他教师名字，如果有其他更加过分的学生不尊重教师之行为，要与之斗争到底。

客观地说，班主任要守住自己的阵地还是很容易的。相对于教师来说，单个学生的攻击力并不是很强，班主任可轻松战而胜之。但是如果班主任面对的是一个学生群体，就要谨慎了，不能力拼，必须找个“战壕”躲起来，以此作掩护。这个“战壕”就是师生间的距离，班主任隔得远远的，不用担心自己会有被射中的危险。

有人考试作弊，那是一定要按照校规或班规处罚的。违反一人处罚一人。断不可将首犯者放过，否则，此人就成为你的软档，将来一旦有个什么风吹草动，他马上就被利用，来个里应外合，你的阵地也就不保了！

二、修好自己的碉堡

要坚守阵地最好建一些坚固的工事，比如碉堡。仅仅靠与学生拉开距离作战壕还不太保险，难保没什么冷枪打到你，因此还是躲到碉堡里安全。那么，碉堡怎么建造呢？最坚固的碉堡就是两个字：公正。班主任只有恪守公正的原则，躲在碉堡里才能高枕无忧。要知道，这公正二字做成的碉堡，可是坚硬似铁，牢固如钢，学生是永远攻不破的。恪守公正原则的班主任，恰似穿了铁盔铁甲，不用担心会被学生的冷枪冷弹击倒。

说起公正，恰似一块阵地，或者说是班主任的底线，绝不可以失守的，否则，你丢了这个阵地，必定兵败如山倒，以后，你无论如何都难以收复失地了。

阵地战，通常都是易守难攻，班主任守住阵地也并不是很难，可是，进攻学生的阵地就不一样了。进攻分两种，主动进攻与被动进攻。高明的班主任总是采取主动进攻之态势，在问题刚刚出现还处在萌芽状态时，一举进攻，将其扼杀。此时的进攻是容易的，只要看准时机，当学生并无防备且势力并未壮大之时，一击得手。

譬如说班级中有学生说脏话粗话，这类问题就像毒细胞一般传播极快，班主任必须在第一时间发现问题，在只有星星之火之时，及时出手，采取断然措施，将其扑灭，并怀有高度戒备心理，以防复发。这种策略就如同集中优势兵力，在局部战场形成绝对优势，以强击弱。如果发现的比较晚，等到星火燎原之际，班主任的工作就陷于被动了。

三、加强自己的防御

一旦班级真的出了突发性的大问题，班主任只能被动地处理，此时的进攻称之为被动进攻。被动进攻由于学生准备充分，且已经构筑好防线，对班主任来说通常颇有难度。

譬如班级发生偷窃事件，班主任若此前毫无思想准备，且没有掌握任何相关情况，处理起来必定十分棘手。当然了，也正因为难，班主任如能圆满处理这样的事情，成功攻破对方阵地，此战一定是十分经典的。我看过的几则著名案例有异曲同工之妙，一般班主任先对全班作一番声情并茂的思想工作，给作案者施加一定的心理压力，然后采取巧妙手段，比如说有班主任做一个大的空纸箱放一房间里，全班学生每个人排队进去，把手放进去再拿出来，最终丢失的东西出现了，这也保全了偷窃者的颜面。

四、改善自己的战略

被动进攻对班主任素质要求较高，班主任要以情动人，以智取胜。譬如说有学生打了架，欺负同学，性质比较严重，按规定要给予处分，班主任做其思想工作。这是一个攻坚战。我们讲班主任要以智取胜，指的是班主任不要硬攻，要找到学生思想深处的薄弱环节，先打开缺口，有时，不免还要使用一点迂回战术。

一旦打开缺口，就要集中强大火力，使学生思想防线彻底崩溃，班主任要善于动之以情、晓之以理，最终以情和理取胜。

当然，最好还是不要等问题发生了，班主任采取进攻，工作应该做在前面，班主任应该有深刻的洞察力，对学生的情况要有充分的了解。我们说攻心为上，平时要做一些瓦解学生阵营的工作。如若班级的工作及每一名学生的思想都在班主任的控制之中，班主任的工作算是做到家了；如果班主任对于这个班级是部分或者完全失控的，今天不知道明天会发生什么事情，那么，这个班主任将疲于应付，最终学生阵地没有攻下来，而自己的阵地却丢光了。

典例介绍

303 寝室又出事了！一大早生活部的主管李老师就来到万老师办公室，说昨天晚上303 寝室的女生对她出言不逊，并且在她离开之后又大吵大闹，还摔坏了一把椅子。这些学生越来越不像话了，李老师说："最棘手的是她们现在还特别团结，专门跟老师作对，老师根本没有办法管理。"

原来昨晚李老师在检查 303 寝室的房间时，发现有人带了一个电饭煲来，家用电器是学校禁止带的，因此李老师就把电饭煲没收了，并且问是谁带来的，没想到女学生们不但不说，还怨恨李老师动她们的东西，并且出言顶撞李老师。李老师眼看场面一时无法控制，就暂时回避一下，没想到这些学生余怒未消，在寝室里发起火来，还摔坏了东西，闹到很晚都没有睡。

303 寝室现在是很有些名气了，这学期以来，每周都要出点事。最主要的是里面有一个“女大王”,名叫芳芳,芳芳生活在单亲家庭,受父母的影响,从小就对别人不信任,而且特别好强,对学校的规章制度尤为反感。这学期管理他们寝室的李老师能力偏弱,芳芳势力逐渐壮大,在寝室里居然达到一呼百应的地步,老师们想了很多办法,都无济于事。到后来,几个以前表现还不错的女生,现在也有了点“匪气”了。

对付芳芳这样的学生,不能用常规手段。老师找她谈话的次数够多的了,但她非常有经验,而且磨炼得做坏事时更狡猾,更隐蔽。万老师问李老师:“‘毛思’研究过吧?”“什么‘毛思’”?“就是毛泽东思想啊,特别是毛泽东的军事思想,真是高明啊!当年毛主席打北平,愣是把北平围了好几个月,围而不打,等到塘沽、大沽、天津攻陷之后,傅作义终于被迫投降。打北平要负很大代价,不战而屈人之兵,这招厉害不厉害?”

万老师微微一笑,说:“李老师,你附耳过来,如此这般,不出三日,那芳芳必主动来找你承认错误。”

李老师依计而行,马上把这个寝室除芳芳之外的其余11人列了个名单,按照平时表现及与芳芳关系的远近,进行排序。谈话是一个一个进行的,先从最外围的入手。谈话的经过大概是这样的,李老师说:“把电饭煲带到学校来想尝试做饭的感觉,本身并不是一件不好的事,如果事先跟老师提出来,也不是不能同意。但是后来顶撞老师,又违反宿舍作息时间的规定,并且故意破坏公物,造成恶劣影响,就是很严重的错误了。你平时是一个表现还不错的同学，在这件事情上面，老师信任你，希望你把你知道的情况原原本本地告诉老师，否则这件事情隐瞒越久，错误就越大。”这样外围的同学很容易就讲出了事情的真相，与万老师事先估计的差不多。谈完之后，每一名同学都要把所反映的情况以检查的方式写下来，签上自己的名字，写完了就回去上课。

攻守同盟一旦被打破，每一次谈话就显得异常的轻松，可以想象芳芳眼睁睁地看着她的室友被叫出教室时的表情。对于这个宿舍的学生来说，谈完话也是对她们的一种解脱。万老师没有参与谈话，但是一想到芳芳可能产生如坐针毡的神情，也替她难过。

谈话很快进入到与芳芳关系最亲密的两个人。由于前面的铺垫，李老师没费多大力气就结束战斗。现在老师们所要做的事情只是使每个细节更清楚而已。对于初犯和态度诚恳的学生，一律从宽处理。

万老师认定芳芳不是那种硬打硬冲的人，而且，她一定等着老师找她呢。可万老师偏偏见到她就像是从来没出过什么事儿一样。他不会问的，要是问的话就说明老师已经把事情调查清楚了，正在商量怎么处理呢。

结果芳芳第二天一早就找生活部的李老师承认了错误，态度比较诚恳，她是聪明的，在发现所有可以抵抗的理由都失去时，她只能选择承认错误。

教导儿童的主要技巧是把儿童应做的事也都变成一种游戏似的。

——洛克

不妨借给学生"10 分"

一个纪律上乱、学习上糟、心理上逆反的学生，张老师不是压制，不是以硬碰硬，而是给他们铺一个较低的台阶，巧妙的鼓励他们，引导他们找出自身的闪光点，增强信心。学生都有特长，都有闪光点，班主任要善于挖掘、培植、扩大它！特别是对后进生，一定要耐住性子，千方百计引导他们走上正轨。

比如，班里出现了不珍惜时间的现象，张老师并不是讲什么长篇大道理，只是讲了这样一个故事：美国夏威夷岛上的学生们每天上课前总要虔诚地祈祷，祈祷词是"一个人的一生只有三天：昨天、今天和明天。昨天已经过去，永不复返；今天已经和你在一起，但很快也会过去；明天就要到来，但也会消逝。抓紧时间吧，一生只有三天！"打这以后，同学们都能珍惜分分秒秒的时间。

班主任能育出一棵参天大树,也能毁掉一棵幼苗。当学生们犯了错误,只要有一丝的希望,也要尽万分的努力,千方百计地去教育、去拯救;要从孩子们的一生前途去思考问题、解决问题,千万不能图一时的痛快、一时的意气用事。须知,毁掉一棵幼苗,容易;把幼苗、尤其是将病残的幼苗培植成参天大树,困难,但这更能显示一名班主任的职业道德与工作水平。

案例中张老师借鉴了古代的“激将法”。“激将法”是出自古代的军事思想,目的是使后进生也能增强自信心并充分发挥自己的潜力,让其放弃不战而逃的念头,这样会造成更有利的战机。可以说,他是在班主任工作中活学活用了兵法,比较巧妙地利用了学生的心理,做好了思想转化的工作。骄傲一点说,可谓出奇制胜、技高一筹。古代兵法中也有可以借鉴的财富,我们班主任不妨学学它,另辟几条思想工作的蹊径。

典例介绍

张老师的班里有个叫小李的学生,入学以来总是不及格。各科老师都很着急,给他补课,下了不少工夫,可是一考试他还是挂红灯,总是保持不胜记录,同学们都叫他“百败将军”。原因很简单,他就是玩心太重,而且玩心不改。

为了刺激他,张老师决定试一试网开一面的方法。一次单元测验,小李应得56分,而张老师却在试卷上写了个大大的66。

小李紧跟着张老师走进办公室,小声说:“老师,我算了几遍,都是56分,卷子上却是66分。您把分总错了。”

张老师故作惊讶地说："不会吧？让我再算算。"然后装作十分认真的样子又算了一遍说："钟立同学真是个诚实的好学生。你的品行不是66分，而是100分。好啦！这个成绩不动了。这10分，老师不要了。要不，就算借给你的。不过，下个单元测验时，你可要还给我呀！"

小李暗暗地想：这是升入初中以来，第一次"得的"及格分，现在老师又借给了我。这10分可不寻常，这是帮我"及了格"的10分，是令人对我刮目相看的10分。我下次一定把账还上，要不太对不起老师了。他随即郑重其事地给张老师鞠了个躬。

这10分产生了压力，也产生了巨大的动力。他再不敢昏天黑地地玩了，上课专心听讲，下课认真完成作业。第二次单元测验后，小李拿着试卷兴冲冲地找到张老师，兴奋难抑地说："老师，我来'还分'。您看，我得了76分。还您10分，还可以得66分。"

张老师高兴地拍着他的肩膀说："世上无难事，只要肯登攀。66分、76分，何足挂齿。以后，你一定会得86分、96分……你一定会成功，老师相信你！"听了老师的鼓励，小李从此步入了良性循环的轨道。

言不务多，务审所谓。行不务远，务审所由。言得道理之心，口虽讷不辩，辩在胸臆之内矣。

——王充

巧用“以毒攻毒”招

有一位班主任,这样问他的学生:“你同样的错误犯了一次又一次,老师都跟你说了多少次了,你为什么改不掉？你说,老师究竟要怎么做,你才能不再犯这样的错误?”学生回答:“只要你不做我们班的班主任!”

这位班主任听到学生这样的回答大概要昏倒了！我们不能说这位班主任的工作一定是失败的,但是至少在对这名学生的教育上,他是不成功的。到了这样的地步,让谁出主意,恐怕也是没有好办法了,由于前面的教育方法已经很错误,后面再怎么努力,其结果也不会好到哪里。

善于打仗的人,先立于不败的地位。这是孙子兵法第四篇《军形篇》的重要思想。原文是这样说的:“故善战者,立于不败之

地，而不失敌之败也。”首先不被敌人击败，然后不放过击败敌人的机会。

立于不败之地，这个想法太重要了！可惜我们很多班主任不太明白这个道理。比如说在做后进生的工作时，急功近利，恨不得这些学生一夜之间变龙变凤，一个个都实现质的飞跃，这样的例子比比皆是。学生进步不大，或出现反复就唉声叹气，丧失信心，结果是这些后进生经过我们班主任的教育，不是变好了，反而更差了！说到后进生，他生来就是后进生吗？我们可以回想我们的学生，当他们小学一年级第一天背着书包欢欢喜喜地进学校时，哪个不是对未来的生活充满憧憬，哪个不是积极向上准备充当好学生？可是，一年又一年过去了，一批一批的后进生形成了，最终，有些学生积重难返，甚至不可救药，个别的甚至走上违法犯罪道路，一生前途毁于一旦。

对于后进生的形成和发展，我们的班主任有没有责任？该不该反思？或许有些班主任说，这些学生的失败有很多原因，家庭的，社会的，不是班主任所能左右的。但是我们的教育有没有责任呢？学生以一种失败者的心态从学校毕业，我们的教育有没有在其中起了坏的作用呢？

对于后进生的教育，班主任保持一颗平常心是最重要的，不求有功但求无过，只要情况不是变得更糟就是胜利。抱着这样一种想法，我们的工作才会立于不败之地，我们才有可能一点一点地转化后进生，才不会犯事与愿违的错误。

有一些班主任，总是心太急，对学生要求非常严格，学生犯一点点小错都不肯原谅，都要批评。学生进步不大，就要严辞训斥。于是，布置很多作业，题海战术，卷子一张接着一张；上课恨不得一分钟掰成两分钟来用，还要经常拖堂。对于这样的班主任，学生怎么可能不反感呢？可是，班主任却不这么认为，他们觉得自己是对的，自己是为学生好，学生不服气、有情绪，他们也很痛苦，但是没有去反思自己的错误和责任。如果我们冷静下来仔细的分析情况，就会知道，这样的班主任首先违反了立于不败之地的原则，他们很想做出成绩，但却弄得学生都很讨厌他们。

如果班主任如果和学生的关系已经弄僵，师生关系已经被动，后面无论如何补救，都来不及了，就好像下棋一样，一着受制，步步受制；一着被动，步步被动。所以班主任在做出决定之前，一定要反复考虑，这样做有没有副作用，这样做会不会有不良后果产生，没有把握的教育就暂时放一放，没有深思熟虑就不要说过头的话。

通常来说，多一些鼓励赞扬是没有错的，尽量不要盲目地批评学生，因为不当的批评是很容易使班主任陷入被动的。

“胜兵先胜而后求战，败兵先战而后求胜”是深刻的耐人寻味的道理。胜利的军队总是先造成胜利的条件才同敌人作战，失败的军队总是先同敌人打起来然后侥幸求胜。其实我们很多班主任就是这样的。对付不同的学生，采用同样的办法，不了解学生的实际，就进行教育，就算是成功了也是侥幸的。真正高明的班主任必须把情况调查清楚了，胸有成竹了再出手。当然这对班主任的要求很高，可是要把工作做好，班主任就必须对自己高标准严要求，而不能两眼一抹黑，碰运气。教到好的学生便是运气好,教到不好的学生便认为自己倒霉。经验是可以积累的,方法也是可以学的。错误可以犯,但是相同的错误不能重复,时间长了,班主任总能摸索到教育的一些正确途径。

决定教育成败的因素是很多的,而学生的发展也受到很多因素影响,不以班主任的意志为转移。一所学校,一个班级,一位班主任的教育工作可能成功还是可能失败,是有规律可循的。而且,就像成功的战争一样,成功的教育是可以预见到的,但不是通过蛮干取得的。一所学校一个班级的教育是否能够成功,我们通常可以观察以下几个方面:

一、学校或班级规章制度的执行情况

有位名人说过:好的制度下,坏人也可以做好事;不好的制度下,好人也能做坏事。可见制度是很重要的。

学校、班级是不是有“法”可依?是不是有“法”必依?班主任是不是赏罚分明?学生是不是有榜样?正气是不是压倒邪气?这些都是对学生发展影响很大的因素。好的规章制度应该是符合人心理特征的,应该是能够调动所有人的积极性的。一个有战斗力的集体,一个凝聚力强的集体,纪律一定是严明的,制度一定是合理的。我们现在进行基础教育改革,反思应试教育的危害,搞课程改革,考试改革,就是为了创造一种更有利于学生发展的制度。

二、校风和班风对学生的影响情况

所谓“近朱者赤,近墨者黑”,讲得已经很明确了。学生不是个体的人,是社会的人,受环境的影响、受他的朋友的影响是

非常大的。好的班主任一定是注重校风、班风建设的。好的环境和风气对学生的影响是润物无声,潜移默化的。有些家长愿意出很多钱把孩子送到一个好的学校读书,其实就是看中好学校的氛围了。

一些名校,由于历史悠久,积淀很厚,形成了独特的校园文化,这种氛围是几代人共同创造的,是金钱所不能换来的,是非常珍贵的。我们看一个人的成长,可以先分析他所处的环境,环境对一个人的影响是一生的。有这样一个实验:将两辆外形完全相同的车子停放在类似的环境中,其中一辆车的引擎盖和车窗都是打开的,另一辆则保持不动。打开的车辆在三天之内就被人破坏无遗,而另一辆车则完好无损。但是当实验人员将这车子的一个窗户打破后,一天之内,车上其他的窗户都被人打破了,内部的东西也被偷得一空。这项实验就是著名的"破窗户理论"。所以在不良的环境中,人的本性中不好的一面完全暴露出来,而且因不良环境而放大,使环境更糟,形成恶性循环。对于这一点,班主任不可不察。

三、班主任人格魅力对学生的影响情况

如果学生长大后仍然记忆犹新,而且一生不能忘怀,这样的班主任一定是有人格魅力的班主任,这样的班主任对学生的影响是不容忽视的。学生时代是很容易崇拜一个人的,如果班主任能有幸成为学生的崇拜者,对班主任来说是一种很大的荣誉。

苏格拉底有一天外出散步,在一条狭窄的小道上遇到一个年轻人迎面而来,苏格拉底首先问他在哪里可以买到这样的东

西,在哪里可以买到那样的东西？年轻人一一回答苏格拉底的询问。然后苏格拉底问道:“那你可知道在什么地方可以找到制造善良和美德的人？”年轻人回答:“不知道。”苏格拉底说:“那么就跟我来学吧!”俗语说,经师易找,人师难寻。遇到苏格拉底这样的良师,是每一位学生的幸运。班主任要注重自身的一言一行,更重要的是要修身养性,让你的学生每时每刻都感觉得到你的人性光辉。

四、班主任调动学生的潜能情况

人的潜能是无穷的,这个观点已被许多心理学的实验所证实。美国一个心理研究组织曾做过一项实验:安排几个志愿人员,先测量每个人的握力平均是 101 磅,然后将这些人催眠,并暗示他们现在是软弱无力,浑身没劲。经过这种催眠暗示之后,在重新测量他们的握力,结果发现,他们的平均握力居然只有 60 磅左右了。但是,在同样被催眠的情况下,如果给予他们一种完全相反的暗示,告诉他们每个人都是大力士,强壮无比。如此一来,其平均握力竟可达到 140 磅。换句话说,他们的平均握力在瞬间增加了 40%。

班主任应当懂得心理学,应当善于激发学生的向上的愿望。苏霍姆林斯基说:“要像保护幼苗一样保护学生的上进心。”所谓气可鼓而不可泄,也正是这个道理。

怎么来评判一所学校一个班级的教育是否成功？就看以上四点。如果以上四点都做得很好,可以这样说,他的教育已经立于不败之地了。即使有个别小的地方不尽如人意,但也无碍大局了。学生在这样的教育下成长,他不可能学坏!我们的家长会很放心地把孩子送到这样的学校去读书。

我们许多班主任觉得自己对教育事业已经很投入了,付出也很多了,但是却没有得到应有的回报,感到很郁闷。究其原因,其中一点就是力气没有花在刀刃上,所做的事情大多是没有效率的。决定教育成败的主要因素没有抓住,花再大的力气也是收效甚微。这样的班主任,只能屡战屡败。孙子说,胜利者作战,就像掘开八百丈高山溪谷中的积水那样奔流直下,具有雷霆万钧之力,不可阻挡。善于做教育工作的班主任也是这样,关键的因素都抓住了,一切都做得很好了,成功只是时间问题了。

典例介绍

一天下课后,英语老师从教室里出来,到办公室找万老师,说有件事情需要他帮忙。

英语老师是今年学校新招聘来的,学历挺高,是个研究生,可是,教学经验还差一些,把握不住学生。虽说可以经常借万老师的名狐假虎威,基本保证课堂纪律不出什么大事,但学生上课效率很低,英语成绩也很不理想,万老师为此忧心忡忡。班主任的职责得尽到,这半学期以来,除了英语课没法替她上以外,其他诸如背书、默写单词等能替她做的是都做了个遍。她也就更加依赖于万老师,这次,不知道又出什么事了。

英语老师慢悠悠地说,开学初给每个学生发了一本音标小册子,一直没用,现在开始学音标了,要大家拿出来,不料有的人说找不到了,他们要求英语老师代为复印。万老师一听便心里有数了。这些学生欺负英语老师老实，自己的东西懒得去找，把老师当保姆一样驱使。万老师明白英语老师也知道是这么回事，但是也没有办法区分哪些人是真丢了，哪些人是在里面起哄，所以找万老师来了。

说实话，对班里的学生，万老师打心眼里是喜爱的，但是对于他们一些不好的行为，从不手软。万老师心里想，这次，班里的学生也太坏了，要是不给他们点厉害瞧瞧，以后指不定还作出什么无法无天的事情来呢。盘算既定，万老师对英语老师说，没关系，这件事我来处理。

万老师拿了记分册，跟着英语老师去教室，班级里乱糟糟的，看见万老师进来，都安静下来。万老师不动声色的问道："哪些同学的音标小册子没有了，我统计一下。"一些同学举起手来，万老师开始在记分册上迅速地勾名字。又有一些人陆续地举起手来，个别同学唯恐万老师看不到，一边举手一边嘴里说："老师还有我。"这些学生，他们一定是以为我在统计复印的份数呢，万老师在心中暗暗发笑。

"把手举得高一点，不要放下来，让我看得清楚点！"万老师提醒道。学生果然就把手举得很高。名字很快的勾完了，大家的手仍然高举着，调皮鬼小良甚至举起了两只手，脸上还带着不怀好意的微笑。万老师看着他，心想，现在先让你笑，待会就让你哭。

万老师看时机已经成熟，冷笑着说，大家听仔细，所有举手的同学，把音标小册子抄写五遍，星期五之前交给我。

果然听得下面一片鬼哭狼嚎之声，那些高举着的手以无比迅猛的速度放下去，不少同学开始翻箱倒柜地找书。

现在放下去已经晚了，万老师抖了抖手中的记分册："我都记录在案了，谁要你们刚才举手了，还举得那么高，不肯放下来。"

鬼哭狼嚎声还在继续，万老师知道他们满腹委屈，他们肯定在心里叫冤枉，手举得那么高，别放下来还不是老师你说的，只是，现在是有苦说不出，打碎门牙也只有往肚子里咽了。谁让他们"毒"在前呢，自己弄丢了东西居然好意思叫老师去给你们复印！只是你们也不看看是谁做你们的班主任，这回也让你们体会一下"毒"的滋味。

万老师对小良说："你举了两只手，所以要抄十遍。"小良已经从他的抽屉里找出音标小册子，挥舞着对我万老师说："我找到了，就不用抄了吧？"万老师说："找到了也要抄，谁让你们忘性那么大呢，五遍当中，有一遍留在你自己身边，其他四遍保存在我这里，这样的话，有一个好处，就是下次你们再找不到的时候可以直接到我这来拿，就不用再抄写了。我免费为你们保存！"

万老师说完忍俊不禁，嘴巴一咧，笑了一下。这个细微的笑马上就让学生捕捉到了，这些学生，真是比猴子还精！他们马上就知道万老师不是真的生气，事情还有通融的余地。万老师前脚刚回办公室，后面就跟来很多学生——被罚抄写的学生，在办公室里，他们装作一幅可怜的模样。这时，英语老师在旁边悄悄地对万老师说，抄一遍要很长时间呢，我看就饶了他们吧。

于是，犹豫了片刻，万老师慢慢地说：“本来是要你们抄五遍的，要不是你们英语老师帮你们求情，肯定是不会改变的。”学生们欢呼一声，感天谢地地走了。

英语老师感激地对万老师说：“谢谢你！还是你的办法多。”万老师笑了笑，回答道：“学生坏着呢，他们都是欺软怕硬，这是人的本性。我刚才不过笑了一下，他们就知道有机会。你光是对他们心肠软没用，他们不会感激你的。刚才要是你不给他们福音，很多人还会怨恨你呢，可是现在他们抄一遍书，还很感激你呢！”

在与学生的交往中，有些事情是可以而且是应该帮他们做的，但是也有些事情是不可以做的，做了就是丧失了做老师的原则和立场，不但老师不赞同，学生也会打心底里小瞧你。

有人说，真正的高手在出招之前，对手已经感觉到了杀气。最厉害的招数不是用剑杀人，而是用剑气杀人！这句话告诉了我们无形胜有形的道理！延伸到学生管理上，指的是没有痕迹的管理智慧才是最高的智慧。因此，爱学生才是教育学生的大前提。

师生年龄有差别、知识有差别、身份有差别，人格无差别。

——储昌楼

转化后进生的工作艺术

任老师的班主任工作艺术，主要在于“一则”、“二感”、“三言”、“四通”、“五心”、“六法”。

一则：就是一条民主平等的教育原则

教育家爱默森说过一句话：教育成功的秘密在于尊重学生。谁掌握了这把钥匙，谁将获得教育上巨大的成功。以爱——动其心，以言——导其行，就显得尤为重要。严格的要求不仅仅就是训斥，就是板着面孔，严格，一样可以用温柔地方式去表达，可以用尊重、民主、平等、信任的方式来表达，这是一条教育原则。

二感:就是教育的责任感和使命感

(一)对本职工作要有责任感

所谓责任感就是你的良心。任老师认为:你做了好事没人看见,没人表扬,你自己就觉得高兴;你做了坏事没人批评,没人看见,你自己就觉得不舒服。这说明什么,这就是无形的法律,时时在警醒鞭策和褒奖你。

(二)对教育事业要有使命感

光有责任感做好本职工作还不行;教师还要有使命感。所谓使命感就是站得高、看得远。教育是超前性的,你必须想到你今天的学生在未来能否用他的双手撑起中国头顶上这片蓝天?你是不是将今天的中国融入了世界?只有在你今天的教育当中就注入一点未来,这样,才能是你的学生真正成为未来的人才。

三言:就是勉励自己的三句名言

(一)没有不合格的学生,只有不合格的教师

这话听起来很苛刻,好像责任都是老师的,其实并不完全是这样。任老师认为:孩子出生以后,没有先天遗传的因素,他的成长完全取决于后天的教育。我们有了这种理念的话,我们班主任就不会把责任推卸给家长,推卸给学生。我们就会想方设法地,从自身的改变做起,然后创造出教育的奇迹。

(二)没有教不会的学生,只有不会教的老师

这句话听起来很苛刻,但是教师要有这种理念,在你的学科教学中,尽可能地想方设法培养出适合学生的教育,而不是让学生去适合你。比如说考一次试,有一个老师表情很严肃:“同学们,这次数学考试出来了,总体来讲考得不好啊,有几个考100的。我现在把考100的同学的名字念一下,你们请起立,让我们向他们表示祝贺,向他们学习。”这几个同学站起来了。接着又说:“同样在一个班,咱们班有好几个不及格的,我把不及格的名念一下,你们也站起来,让我们大家认识一下。”于是,当时叫了几个站起来,他们都低着头。老师又说:“奇怪了,我该讲得都讲了,怎么人家就得一百你们就不及格呢?你们为什么不及格呢?”他指着其中的一个孩子说:“说,你为什么不及格?”孩子低着头说:“我笨”。老师说:“你就是笨,你是榆木疙瘩不开窍。”又指着另外一个孩子:“你呀,是猪脑子,不开窍。”老师的话说得别提多难听了。老实的呢,就听之任之了,不老实的就和老师顶着干了。

老师这番话犯了两个错误。第一个错误,违背了教育的规律。因为教育的规律是承认差异,学生不同的家庭、不同的智商、不同的成长环境、不同的接受能力,怎么可能最后考出一个结果呢?有差异是正常的,上面老师的说法本身就是不承认差异,老师要求讲完课所有的孩子都考一样的分,这是不可能的,这是第一个错误。第二个错误是推卸责任。老师该讲得都讲了,学不好是学生的问题,于是老师夹着包走人了,明天继续这么讲,继续这

么考,继续这么说,恶性循环,几年下来,班里好的永远是好的,差的永远是差的。

江苏省泰州市有个扬思中学,在他们学校的教学楼的楼顶上,挂了一个牌子,用大红字写了几个字——没有教不好的学生,这也成为他们学校的一个理念。到他们学校来的学生,无论是多么差的学生,都非常自信。学生认为,只要到了这个学校我就能成为好学生。这种期望的效果,使许许多多的孩子最后成才。从他们学校留下的资料中可以看到,有一届学生,初一时入校的摸底考试,全班语文数学两科,有一半不及格。远近八方不好管的孩子都搁到他们学校了,就为了那条标语,“没有教不好的学生!”。但是,同样是这个班,到初三的时候,一次学期的阶段测验,拿出成绩一看,全班都是 90 分以上。没有 90 分以下的,这就是教育的奇迹。

(三)教师最大的成功是培养出值得自己崇拜的学生

人的一生最重要的是自知之明,最重要的是评价自我,如果你不能够正确评价自我的话,你就会被周围的一切所干扰,难以守住你心灵的这块净土。教师最大的追求,不能不提物质,但不能无休止地谈物质,人生最无止境的追求就是精神生活。特别是我们老师们,即使退休多少年,每到逢年过节时,会收到许多学生的贺卡问候,家里时常不断都有学生的电话问候,尤其是做过班主任的,你一生无法比拟的精神财富就是你的学生,尤其是那成功的学生。

四通:就是要求自己必须做到四通

(一)通晓班主任工作

干一行通一行,你要对你所从事的班主任工作通晓。

(二)通晓学科教学

学生不会因为你班带的好而课教的差原谅你;也不会因为你课教得好而班带的差迁就你。两者教书育人缺一不可。

(三)通晓相关学科

除了教育教学以外与做人相关的,你都要有所了解。你这样站在讲台上,才会触类旁通,你的语言才会永远富有魅力,吸引着学生,感召他的心灵。

(四)通晓教育科研

这是新课程对教师提出的新要求,也是适应形势发展的需要。

五心:就是教育学生时要做到五心

(一)爱心

没有爱就没有教育。教师要有爱心。

(二)信心

他的公式是:信心 + 实干 = 成功。任老师把这个公式告诉每一个学生,要想获得成功,你先要有信心,有信心你就成功了一半。再加上脚踏实地的实干你就成功了。

(三)专心

专心致志地做一件事。一个人如果在一个岗位上专心致志地做上几年十几年,就一定会取得成功。

(四)恒心

教师必须持之以恒地做你的工作,不能够半途而废。这个世界上没有人能够打败你,能打败你的只有你自己。所以我们要咬定青山不放松,永远坚持做你的这项工作,最终就能有你可喜的成果。

(五)虚心

在什么情况下都要保持一个向别人学习的心态。那么你就能够永远不落伍。

六法:就是六个教育学生的技巧

(一)优良环境的感召法

所谓优良环境,就是指自然环境和人文环境。自然环境就是指优美的校园,和谐的班集体。人文环境就是指师生关系和生生关系。如果教室里面很温馨,它就能够感召学生,吸引学生。但是如果光有一个良好的环境,而没有一个好的人际关系,也是不行的。如果师生之间是种民主、平等、和谐的朋友关系,生生之间是一种互助、合作、平等的关系,那么这样一个集体,这样一种环境就是优良的，就能够感召学生愿意到学校来，愿意到班级来。

（二）虚功实做的导行法

我们把思想教育工作称作务虚的工作。空洞的说教，大人能听进去，因为你理解能力强。孩子不行，他没那么高的理解力。你总是在那儿空洞的说教，他看不见摸不着就厌烦了。比如搞主题班会，谈理想对学习目标的动力问题。教材每个老师们准备了一份，都是名人伟人少年时期的理想。老师们还备课，到班里大谈特谈理想。一节课讲完了，直说得屁股都坐痛了。临下课了，老师问大家："今天说的你们都记住了吗？"学生集体大声地说："记住了！"其实呀，谁愿意记呢？老师的话像出土文物一样离学生太遥远了。于是，任老师设计了一个特别的主题班会（见案例介绍1）。

（三）捕捉兴奋点的磁性法

善于捕捉学生兴奋点的班主任，工作就能产生磁性，就能深深吸引住你的学生。

班里每学期期末，全班学习成绩排名一结束，要做的第一件事就是评选全班之最。任老师不让那考得最好的学生洋洋自得，也不让考得最差的学生们闷闷不乐。评选全班之最，就是让每个学生昂起头颅，扬起自信的风帆。每个学生开始评出自己在全班最棒的一项。有总分第一名的，单科第一名的，作业做得最工整的，最乐于助人的，英语口语表达最好的，跳舞跳得最好的，唱歌唱得最好的，拉手风琴最好的，弹钢琴弹得最好，跳高跳得最高的,跑步跑得最快的,最讲文明礼貌的,最讲卫生的等等全班50最,评选之后用红纸毛笔写上,写完贴在教室四周墙上。紧接着就开家长会。全体家长步入教室的第一件事就是看班级50最。你的孩子考全班第一,别骄傲,49之最他不具备,得向别的学生学习。你孩子考最末也别自卑,他其中1项之最令全班同学都得向他学习。

(四)抓住教育时机的功倍法

善于抓住教育时机的老师,你的班主任工作常常产生事半功倍的效果。

(五)三位一体的互促法

所谓三位一体指的是什么?就是指班主任老师能不能调动起学校、家庭、社会三者的力量,使三者成为一个整体共同参与教育,说起来难,做起来并不是很难的事。

有一天任老师把家长们都找来了,对家长们说:“凡是在我们班学习的孩子的家长,请你们注意,大家要共同参与教育。我们班搞了一个活动,活动是‘家长系列讲座’。凡是在我们班学习的学生的家长,三年的时间内给我们学生讲一节课,讲什么?讲你的人生,讲你的学习经历,讲你的工作,讲你的所见所闻,只要对学生有益的,什么都可以。你们自愿报名”。并且任老师还宣布,评选出十名最佳家长,我们要在家长会上让孩子给你戴红花,于是家长们都拼命地努力,争当十佳。天文、地理、海洋、医学五花八门,来自不同岗位的家长讲他们的人生和工作,对这些学生们都特别感兴趣。那个家长讲座,那个孩子做主持人。沏茶倒水主持，最后作总结，非常有意思。

（六）自我教育的内驱法

列宁说："人类最高境界的教育是自我教育。"怎么让孩子在学校完成由他律到自律是班主任教师最重要的一项工作。每周五任老师在班上设计了一个无批评日，在这一天里，老师不批评学生，谁也不批评学生，出了问题写自我教育日记。实践证明，孩子们完全可以自我管理。

案例一

有一次树立远大理想的德育课，任老师是这样设计的：

在黑板上写了一句话"2010年的同学会"。她告诉大家，2010年，10年以后的10月1号上午10点我们全体同学相会在天安门广场的红旗底下，会有什么情形出现？每个人回去写一篇文章，第二天交上。

结果大家的想象力极为丰富，每个人都扮装成10年以后的模样。于是那一天，有穿医生服装的、法官服装的、解放军服装的、科学家服装的，装扮得各式各样。有的同学拿着硬纸做成飞机模型、导弹模型、汽车模型；还有……其中有一个学生戴着一个厨师的高帽，手里拿着一个勺子，一个菜谱，他已经做出菜了。主题班会热烈有趣，最后任老师说了一句话："大家所有的理想都离不开今天的努力，愿每个同学把握今天，努力学习，愿2010年同学会早日到来！愿你们的理想早日实现！"就这样，在以后的学习当中，学生们记住了这个主题班会，他们学有理想，学有动力，尽管有些孩子的理想变了但他们的动力不变！信心没变！方向没变！

案例二

有一次，任老师在批阅学生的日记时，发现小明日记中滑出一张纸条，这个纸条上写着什么呢？原来是一张账单。某某同学送的什么礼物多少钱。她挺奇怪，把小明叫到办公室，问清了情况。原来现在学生们过生日都过烦了，爸爸妈妈弄一个生日蛋糕，插几根生日蜡烛，他们不愿意，于是就偷偷地开 Party，同学们之间互赠礼物，唱生日歌。小明的人缘特别好，别人送他的礼物特贵重，于是小明都得把这些礼物记下来，将来等谁过生日的时候，要以大约同样价钱的礼物还送给人家。小年纪正是学生人生观、价值观、世界观形成的时候，如果班主任不好好加以引导，学生就很容易走偏。于是，任老师就想：我要引导他们，怎么引导？她就到教务处，把全班同学的生日抄在一个大的表格上，然后贴在教室的墙壁上。早读的时候她对全班同学说，今后所有同学们的生日将在集体的祝贺声中度过，变“地下为地上。”全班同学热烈鼓掌，这就是抓住了学生的兴奋点，产生一种磁性，深深地吸引了每一个孩子，抓住了学生的心理。

怎样过生日关键是过的内容，于是任老师准备了以下几项：第一，每人准备一篇不超过 5 分钟的生日演讲。演讲以“过去、现在、未来”为主题，站在全班面前讲讲你的过去，说说你的现在，谈谈你的未来。并评出最佳生日演讲10名,要在家长会上颁奖。同时录完全班同学的发言之后,每个人转录录音带作为纪念。第二,大家喜欢唱歌,就把班里拉手风琴拉最好的同学请来。宣传委员让全体同学起立,面对过生日的同学,拍着手连唱三遍生日歌,尤其是女同学,一般唱到第二遍时就开始哭了,这个场面太难忘了,全班同学都为老师别出心裁的设计感到高兴,沉浸在爱的海洋和万分的喜悦之中。第三,同学之间互赠礼物。现在从父母那里要钱给别人送礼物,这不是好样子,真正的友谊是无价的,“君子之交淡如水”。那怎么办呢,自己动手做。于是,一张张生日卡片,一个个小工艺品,一个个丝织品,一个个自己做的毛制品等等,做的非常好看,硬纸壳都做成了各种各样的工艺品,同学们之间互赠礼物。最后,准备一个日记本,今天那个学生过生日,就送给他一个日记本,写上一句话,让他记住自己人生中最美好的时光。一个个生日会,增进了师生之间,生生之间的友谊,集体的向心力和凝聚力也在这一次次的生日会中增强了。

错误在所难免，宽恕就是神圣。

——波普

选准切入口，因势利导

在学校中，有这样一小部分同学。成绩不好，各方面的表现都不突出，平时称为后进生。后进生他们没有信心，通常抱着混下去的思想。

面对这样的学生，班主任该怎么对待呢？

刘老师认为后进生往往伴随着意志薄弱，上课注意力不集中，学习热情低落，机械学习等表现，因此，培养后进生良好的非智力因素，应着重动机、兴趣、情感的培养，为此做到以下几点是必要的。

一、研究学生的学习心理，使学生对学习产生兴趣

后进生在学习中的表现是，不能胜任目前的学习任务，不能

把新的学习材料与自己所有的知识统一起来,不会利用时间复习和练习。如何将缺乏学习热情的后进生引向学习活动方面,培养和激发后进生的学习兴趣,这对教育工作者来说是非常重要的。

(一)激发学生的好奇心

在课堂教学中,学习材料的新奇性、醒目性容易唤起学生的好奇心。心理学认为,刺激新奇、强度、复杂程度、不和谐性以及惊讶等特征称为信息量,信息量过大或过小,往往在引起好奇心之前,首先发生恐惧或回避行为。因此,唤起兴趣和注意有最佳的信息量。最佳信息量因每个人信息加工能力的不同而不同。对于后进生来说,刘教师注意材料的新颖性,且不太多、太深,对于较难的问题分散难点。

(二)使学生充满成就感

由于长期的失败体验使后进生们总对学习怀有畏惧感,并觉得自己即使努力学习,学习成绩也无法提高。这种悲观的、否定的期望,促使他们逃避学习,因此,班主任要改变他们由于失败经验而产生的否定期望。刘老师的做法是给予后进生满足和成功的机会,树立把学习搞好的信心。同时,刘教师对于学习的目标应尽量规定得具体而明确,这样可提高后进生对结果的诱惑力,产生完成这一学习目标的热情,获得成功的体验。后进生尝到了成功的喜悦,使其产生愉快的情绪,这种愉快的情绪与学习之间建立起一定的联系,后进生就有进一步学习的愿望。培养后进生学习兴趣的方法有很多,从总体上说,学习的兴趣既是学习的动力，又是学习的结果。也就是说，学生的学习兴趣有赖于特定的学习经验。因此，当后进生尚未表现出对学习的兴趣之前，教学的最好方法应当是，不管他们目前的兴趣状态如何，都要集中注意于尽可能有效地去教他们。当他们在学习上获得了成功的满足后，也就有可能产生对学习的兴趣。所以，在做后进生的转化工作时，提高其学习兴趣的最适宜方式是把重点放在学习的认知方面，依靠富有成效的教育成绩来增强他们进一步学习的兴趣。

(三)帮助学生制定具体的学习目的

初中生的学习动机具有多变性，常常处于不稳定状态，而后进生的目的多半是很具体的。因此，班主任应引导他们正确认识学习的目的以及学习在生产实践中的广泛应用。如为什么铁塔两旁的铁塔要焊成三角形？汽车轮为什么要制成圆的？如何测出埃菲尔铁塔的高度？理解这些道理，不仅可以激起学生学习有关知识的愿望，又可以使其明确学习目的。

二、构建和谐师生关系，发挥情感的作用

情感是人们对客观事物是否符合自己的需要而产生的态度体验。情感过程和认识过程有着相互制约、相互促进的作用。日本的泷泽武久说：“在促进孩子的学习方面，不能无视情感的作用。情感交织在人的思维中，或者成为刺激，或者成为障碍。”我们认为，多数的后进生都患有“情感上的维生素缺乏症”。这说明我们不少学校和教师，不重视发挥教学中的情感作用，而这种情感作用正体现了老师们的普遍看法，即转变后进生的关键

在于师生间建立良好的感情。后进生更需要温暖与鼓励,学生和老师感情融洽,他就爱学你教的学科,爱做你布置的作业。对学生的爱,是教育事业的感情基础,教学活动是师生之间的"双边活动",课堂上教师对学生热情关怀,以情感人,以自己的知识和情感培养激发学生的学习兴趣。这一切的基础是教师对教育事业的满腔热情,对学生有着真挚的爱。良好的师生关系,可以产生"爱屋及乌"的效应;反之,紧张的师生关系,也会出现"厌屋及乌"的现象。因此,对后进生教师应以真挚的情感关心和爱护他们,建立良好的师生关系,这就要求教师对其学习和生活施以真心实意的爱护。当教师把自己最美好的东西——师爱献给学生时,反过来学生也会用爱来报答教师。教师对学生的爱应体现在以下两方面:

(一)帮助后进生树立远大理想

后进生往往内心空虚,兴趣狭窄,认为前途暗淡,有混文凭的想法且缺乏分辨是非的能力。因此教师要以真情实感去教育后进生,鼓励他们树立远大理想,用其他后进生转变的例子,使后进生看到进步的希望。在当前的社会环境下,后进生厌学心理严重,教师要用课堂和自身情感的吸引力,使其安心学习,并提高其分辨是非的能力。

(二)时刻关心后进生

学生最为关切的问题,是教师的喜爱与否。学生时时希望从教师那里得到热情的关注,并怀着紧张的心情等待教师的评价,后进生也不例外,但后进生得到的多是教师的冷眼和监视。

教师对后进生也时常流露出无能为力或厌恶的情绪。殊不知一个学生如果长期得不到教师对他的注意和关怀，就等于抹杀了他的优点，否定了他的存在，于是他们就失去了学习的信心。大量的教学实践表明，教师的期望会对学生产生巨大的激励作用。因此教师要对后进生充满信心，有所期待，及时表扬。对于他的每一点进步都要予以鼓励。如在作业中写上适当的评语、作业展览等。同时要创设各种条件，使后进生取得成功。可以认为，针对后进生的不同特点，施以情感教育，是防治后进生不可忽视的途径，从某种意义上说，也是关键的一步。

三、重视家庭教育的作用

家庭教育在学生成长中也是重要一环，特别是对后进生的转变来说显得更为重要。对后进生，要予以说服，晓之以理、动之以情，切忌简单粗暴和放任自流，严禁体罚和各种高压措施。进行说服工作，要求家长一言一行起到表率作用；创造民主的家庭氛围，父母与子女之间建立平等和睦的关系；对孩子既不溺爱、放任、有求必应，又不简单、粗暴、独断专行、强加意志；对子女要求要切合实际，期望值不能过高，以免造成子女的巨大心理压力；培养孩子积极向上、热爱生活、热爱学习来激励后进生的上进信心，使他们看到光明的前程。

典例介绍

班里小马同学平时极端自我为中心，与同学交往经常因小事发生不愉快，有时甚至大打出手。有一次课间，同学不小心碰了他一下，不容同学分辩，他追着那个同学就打，这样还觉得不解恨，最后对准那同学的小腿狠咬一口，在同学的腿上留下了清晰的牙印。老师教育他，他就跟老师作对，说老师不公平，总是帮着别的同学，不分是非地批评他，他表示非常委屈。有时批评重了，倔脾气上来了，干脆坐地上大哭。平时他还经常违反学校纪律，自由散漫。比如，上课看课外书，吃东西，做其他课的作业。下课大声怪叫，不讲卫生。同学犯错了，他在旁边瞎起哄，幸灾乐祸。该同学还非常自私自利，比如学校号召大家为绝症同学捐款，他不但不肯捐，还对捐款的同学说："干嘛要捐？有什么意思?"学习方面，也是毫无责任心，对自己感兴趣的学科或学习内容他尚能认真去看，其他作业一概应付了事。

从小马同学的种种言谈行为表现，刘老师总结出了他的性格，小马的性格比较孤僻自私，以自我为中心，思想偏激，是非辨别能力弱，情绪化，凭兴趣做事。面对这样的学生，我们班主任该怎么样做呢？下面看一看刘老师的做法：

一、以人为本，倾注师爱

尊重每一位学生，"以人为本"，是对每一位教师的基本要求。教育是心灵的艺术。如果我们承认教育的对象是活生生的人，那么教育的过程便不仅仅是一种技巧的施展，而是充满了人情味的心灵交融。这样老师才会产生热爱之情。心理学家认为"爱是教育好学生的前提"。对于小马这样的后进生，刘老师放下架子亲近他，敞开心扉，以关爱之心来触动他的心弦。"动之于情，晓之于理"，用师爱去温暖他，用情去感化他，用理去说服他，从

而促使他认识到自己的问题。比如:他不愿意捐款给困难学生,说风凉话,刘老师就找他谈话,举出班里其他孩子善良举动事例给他听,并引导他进行换位思考,最后他终于认识到自己的错误,主动捐上了自己的零花钱。

二、与家长联系,争取家长的配合

接班后,刘老师第一个联系的家长就是小马的母亲。记得傅雷说过:“一个最差的母亲也可能比一个最好的老师对孩子的作用大。”家长对孩子的影响是潜移默化的,只有争取到家长的配合教育,才可能真正从根本上改变这个孩子的习惯和认识。庆幸的是小马同学的母亲是一个明白事理的人。她说孩子像他父亲,性格孤僻,以自我为中心,而在孩子小的时候,父母因为工作繁忙忽略了孩子性格习惯方面的教育,在孩子人格养成最关键的时候,没有重视这件事情。当她发现孩子不良状态的时候,孩子的坏脾气和习惯已经根深蒂固,很难改变了。她非常后悔,表示会全力配合老师的教育的。明确家长的态度后,刘老师便放心大胆地将她的要求和盘托出了,刘老师介绍了一些适合家长看的书籍给她。然后请她平时多与孩子交流,帮助孩子制定计划,以表格形式记录每天应该做到的事情,然后每天反思,看看哪些方面还需要提醒自己。

三、选取优点,因势导之

工作中,刘老师深刻地体会到后进生更需要集体的温暖与师生的爱和信任。因此师生关系融洽是转化后进生的一个重要方面,为此,要正确地对待后进生,做到“四不”、“三会”。即不歧视，不排斥，不粗暴，不揭旧病；要与优等生一视同仁，会批评，会谈心，会表扬。比如，刘老师发现小马同学喜欢科学，就适时表扬他知识丰富。他作文有一点进步，刘老师就在全班面前读了他的文章。又如，有一次班里开展知识竞赛，大多数同学都得奖了，而韩国同学因为不懂中文，没有获奖，小马主动把奖品送给了韩国学生，刘老师看到后就表扬了他。这样久而久之，他知道老师也看到了他的优点，绝对不会因为他其他方面不好，而对其有成见。他开始信任刘老师，所谓“信其言，从其道。”信任老师，便是他接受老师教育的开始。

后进生的缺点很多，暴露得比较充分！但绝不能有缺点而觉察不到他们的优点，要善于选准他们身上的优点。充分调动他们的积极性，使之更好地发扬下去并因势导之，促使其全面发展。全面发展的教育思想是苏霍姆林斯基全部教育思想的立足点之一。

当然，后进生的转化工作是一项复杂而有辛勤的劳动，也是一项艰难而长期的工作，要臻佳境，决非一蹴而就的事情，需要不断的开拓探索前进，不断完善，不断提高。唯有此，才能全面抓好素质教育，提高国民素质。

第二编

中等生教育案例

只要我们每个班主任都能用爱心为每个孩子打造一片天空，让每个孩子都能快快乐乐成长，让每一轮朝阳都发出灿烂的光芒，那么中国的下一代将会展开自由的翅膀，朝着太阳升起的地方越飞越高……

教育者应当深刻了解正在成长的人的心灵……只有在自己整个教育生涯中不断地研究学生的心理，加深自己的心理学知识，才能够成为教育工作的真正的能手。

——苏霍姆林斯基

“鱼儿争上游”和“成长袋”的故事

“鱼儿争上游”活动是优秀班主任林老师的一种创新，是她结合本班的实际情况，为孩子们精心设计的适合低年级特点的一个学习园地。下面我们从以下几个方面作以详细介绍。

一、“鱼儿争上游”评价园地图案设计说明

53个孩子，53条可爱的小飞鱼，组成了无边无际的海底世界。蓝色“海底”表示起点，每一条“海浪”为一格，红色的“海星”为“每周一星”。这儿是全班同学学习的乐园，53条“小飞鱼”无忧无虑地遨游。

二、“鱼儿争上游”评价园地的操作与使用方法

“鱼儿争上游”与“成长袋”紧密结合。想要让“小飞鱼”上升一格，有三种途径：一是在课堂上获得15个小图标；二是在班级和学校的各项活动中获得小奖状；三是学期有进步。而“每周一星”则贴上每周小飞鱼游得最快的小朋友的照片，学期末，颁给奖状。

三、“鱼儿争上游”评价园地带来的新气象

在这里重点说一说伟同学，她是班里一个活泼可爱的小女生，大方，能歌善舞，是老师的“好助手”，可是她上课却爱讲悄悄话，爱插嘴。自从评价园地创建使用之后，她每天放学的第一件事，就是数数自己的小图标，看看自己的“小飞鱼”。她告诉林老师她的愿望是：“让‘小飞鱼’游得更快些，超过王同学。”从此之后，她渐渐改掉小毛病，进步了不少。班里也形成了比学赶帮超的良好氛围。记得有一天，伟同学兴奋地拉着林老师的手说：“林老师，你看，我的‘小飞鱼’游到最高了。”学期末时，林老师设计的“成长袋”展示活动受到了区教委的高度评价。

四、“鱼儿争上游”评价园地的使用效果与反思

初为人师，林老师有热情、有干劲，但这对于如何当一名合格的低年级的班主任还是远远不够的。由于缺乏教学经验，课堂上孩子无休止的吵闹让林老师束手无策，一向好强的林老师流下委屈的泪水……她开始尝试用各种方法来吸引他们的注意力，“小图标”、“小奖状”、“我们的小金库”银行存折，在此基础

上,她又萌生了创建“鱼儿争上游”学习评价园地,用其激励学生进步。如今,在课堂上,常常能看到学生为了得到小图标,为了让小飞鱼游得更快些认真上课、积极发言的情景,课堂气氛活跃了,班级也渐渐有序了,其乐融融。特别是当林老师翻阅孩子自己动手制作的“成长记录袋”时,更让她感到欣慰不已……

当学生们给前来的家长、老师讲述一个个发生在他们身上的故事时,林老师第一次深深地体会到“鱼儿争上游”活动对班级管理带来的无穷活力。

记得区教科室的领导听了孩子的讲述,这样评价道:“学校做‘成长记录袋’展示,欣喜之余与一位学生交谈,感受颇多。‘成长记录袋’不仅记录孩子的成长,同时装载着孩子的丰富的情感。”

是的,真正地走入孩子的心田,想孩子所想,做孩子所做,让孩子成为课题研究的真正受益人,那么,孩子一定会更加快乐、健康地成长!

典例介绍

我们常把孩子比作是早晨的太阳。那些性格内向、胆子比较小的学生比起其他学生,更需要老师的细心呵护,关怀体贴,理解尊重,谆谆诱导……“要小心得像对待一朵玫瑰花上颤动欲坠的露珠。”这句话也许夸张了些,却实实在在地告诉我们,要用爱去关心呵护他们的成长,充分发挥他们的主观能动性。为此,林老师专门为孩子们设立了“成长袋”,以激励学生健康地成长。

开学的第一天,林老师正在点名时,忽然听到门外有

人说："老师，不好意思，打扰你上课了。"林老师循声望去，只见一位母亲牵着她的孩子，站在门口满脸歉意地说："孩子不敢来学校，怕羞。"林老师听了，忙向孩子看去。这孩子瘦瘦的、小小的，站在妈妈身后，偶尔伸出小脑袋看看她，显得特别内向、胆小。

林老师点点头，轻轻地摸着孩子的头说："快进教室吧！"小男孩怯生生进了教室。接下来的学习，上课他总是坐得很端正，可是从不和小朋友一起玩，也从不主动举手，老师提问他也总是默不作答。

有一次，在课堂上，开火车读生字轮到他，他站起来愣在那里，一言不发，全班同学哄堂大笑，还有同学在小声嘀咕："这么简单的问题也不会回答，真笨！"这一下，他的脸通红通红，头埋得更低了。林老师连忙制止了同学们的嘲笑："每个人都有遇到困难的时候，我看轶同学他是太紧张，一时想不起来了。没关系，坐下来再仔细想想吧。"没想到他坐下，竟趴着哭了起来。

下课后，林老师把轶同学叫到办公室问："男子汉，怎么能哭鼻子呢？"他低着头不说话。"这个生字你会读吗？""会。"他的声音像蚊子声一样小。"你这么聪明，能告诉老师为什么不读吗？"可他支吾半天，一句话也没说。林老师让他先回去，又打电话和他家长联系，他妈妈告诉林老师，轶同学从小就是这样，在家很调皮，可是出门在外，却胆小得很。听了他妈妈一席话，林老师萌生了用"成长袋"来激励轶同学及全班同学学习热情的想法，来帮助他成为乐于与人交流的孩子。

具体实施方法是："成长袋"根据学生特点，设计了五个学习习惯方面的小图标(代表倾听、发言、写作、创新、合作)，还有成长小台阶。同时，林老师在班级还设计了以海洋为主题的评比栏"鱼儿争上游"，她把每个学生都做成一条"小飞鱼"，并有"每周一星"的评比，谁的鱼游得最高，就把他的照片放在小海星里。并且和"成长袋"的使用紧密联系，规定15个小图标就能上升一格。在课堂上，常常能看到学生为了能得到小图标而认真上课、积极发言的情景，课堂气氛活跃了，轶同学也进步了许多。

一天下午，林老师说："现在我们来进行一场比赛，比比看谁是'朗读大王'，哪个小朋友最棒，将获得'巧嘴巴'称号。"大家跃跃欲试，都把手举得高高的。这时林老师惊喜地发现轶同学的那双小手悄悄地举起来了，林老师高兴极了，马上请他站了起来。轶同学朗读完后，林老师请同学们评一评。

好多同学叫着说："我觉得应该送给他'巧嘴巴'称号，因为他平时很少发言，可这次他敢于发言，我觉得他进步了！"

林老师趁热打铁接着说："轶同学读得真好！但我想给你提个小小的意见，如果你能够声音再大些，那就更棒了！"

在林老师和大家的鼓励下，轶同学大声地又重读了一遍，这时全班响起了热烈的掌声。这时，他的脸上洋溢着幸福的笑容。

至今林老师还记得轶同学的妈妈打电话对她说："小轶回去后，一整天兴奋极了，他说林老师表扬他了，还有小朋友都说他很棒！以后，他还要得更多的小图标，让'小飞鱼'游得更高！"

瞧，这就是"成长袋"的使用所带来的激励功能。一学期过去了，林老师惊喜地发现轶同学进步很大，不仅上课敢举手发言了，而且成绩也进步不少。

学校要求教师在他的本职工作上成为一种艺术家。

——爱因斯坦

妙用“敲山震虎”招

学生工作是班主任最重要的工作。一个班主任，如果连学生都管不好，这个班主任基本不能算是成功的。可是，随着时代的发展，现在的学生，的确是越来越难管了。

班主任接一个新班的时候，由于大家都不熟悉，所以最初的一段时间基本是相安无事的。通常情况之下，双方都会相互地试探一下。学生有时会有两三个人率先发难，出一些难题让班主任解决，如果班主任显示出强大实力的话，学生们自然有所收敛，认真对待班主任；若是班主任被试探出来“营寨空虚”，那么学生不久便会大举进攻，班主任很可能一时抵挡不住，迅速败下阵来。

有些班主任会选择先下手为强，所谓“两强相遇勇者胜”。

如果接手的新班调皮捣蛋的学生比较多，他们会在遭遇战中振作精神，给学生一个下马威。一些临时代课的教师，通常会做这种选择。不管三七二十一，先劈上三板斧再说，等到学生探明虚实，早已得胜回营，圆满完成代课任务了。

还有一些老师则根本不给学生接近的机会，冷若冰霜，从不跟学生拉家常，上完课就走。若有学生叫战，就高悬免战牌，不与学生正面接触，不找学生谈心，不暴露自己真实想法，总之，不跟你战斗。你若不守纪律，我不与你交锋，回马便走，你若追上来，旁边自有班主任出来接住与你厮杀。对于一些副科老师来说，这是一种常用策略。

一个班级教的时间长了，师生双方知根知底了，便进入了持久战。有时候班主任运气好，会碰到一个比较“弱”一些的班级，学生天生老实的居多，战斗力太差，班主任不费什么力气便全部拿下。学生被拿下之后也没有“造反”的念头，学习成绩不一定好，班级工作也不一定突出，然而很稳定，不会有什么惊天动地的事情发生，班主任很省力。遗憾的是，从目前的趋势看，这样的班级是可遇而不可求的，也是没有什么潜力的。

可能有人会问：“师生动不动就交战，是不是你的教育观有问题？”万老师认为：“班主任与学生天生就不是同一战壕里的人，班主任与学生之间永远存在着控制与反控制、斗争与反斗争的问题。学生不是教师，教师也不是学生，把学生看作是对手，其实是充分尊重学生的表现。在我们现实生活中，那些不重视学生而栽在学生手里的教师太多了！”

禅里面有一个经典的公案叫做《他不是我》，故事是这样的：

宋朝时，两位日本僧人道元与明全结伴，渡海来中国留学。他们落脚在天童山景德寺参禅修行，孜孜不倦地求悟禅法。

一个大热天，午饭后，道元前往延寿堂探望因病静养的明全。当他经过东廊来到佛殿之前时，看见一位老和尚，背驼如弓，眉白如雪，一手撑着拐杖，一手将香菇一颗颗地排在地砖上。僧人们都知道，寺院里需要食用大量香菇，必须趁着暑天烈日晒干，以便储存备用。

道元禅师认识这位老和尚，他是寺院里负责膳食炊事的"典座"。道元看到尽管骄阳当空，老和尚却没戴斗笠，全身汗水淋淋的专心工作着，不由得停住了脚步。赤日炎炎，热浪逼人，连廊荫下的道元都受不了，何况酷日下的古稀老人呢？年轻的留学僧顿生怜悯之心，于是趋前探问："请问老师父今年贵庚？"

老和尚稍微直直腰，答道："老衲今年68岁。"

道元关切地说："老师父年岁已高，这种工作就让院里其他僧人来做吧。"

老和尚头也不抬，严肃地回答："他不是我。"

"他"当然是"他人"，而不是我，此话的意思显然是指他人的修业并不能代替自己的修业，他人的体验代替不了自己的体验。原来老和尚把晒香菇也看作是参禅的功课呢。道元在那电光火石之间如醍醐灌顶般豁然开朗，苦苦思索多年的禅法一下子明了了。

"他不是我。"这真是绝妙的禅机啊！

所以说，你不是学生，学生也不是你，学生永远不能了解班主任们的真实的生活，班主任也永远无法真正走入学生的心灵世界，除非可以互换角色，亲自去对方的世界体验一番。班主任和学生永远是属于两大阵营。班主任如果对这一点没有清醒的认识，是一定要吃亏的。只不过高明的班主任会尽量缩短这两个阵营的距离，求同存异，大家为了同一个目标而共同奋斗；不高明的班主任会使这两个阵营完全对立，极端者甚至势同水火，互不相容。

万老师认为，一个合格的班主任必须注意以下几点：

一、让学生来做师生冲突的评判者

有一些不高明的班主任，不能很好地控制自己的情绪，与学生当众发生冲突，事情搞得很大。事情的起因肯定是学生先不好，但是班主任在情绪失控时也有不当言辞，若这名班主任幻想在场的其他学生支持你，共同讨伐那名犯错的学生，那就错了！班主任应该趁早收起这个念头。因为无数的事实表明：学生总是帮学生的。即使犯错的学生再不好，班主任只要有一丁点儿不好的地方，他也会受到攻击。因此，切记不要与学生当众发生冲突，冲突一旦发生，班主任肯定陷入被动。此外，也最好不要当众骂个别学生，当众罚个别学生。至于杀鸡儆猴的事情，做的时候也要尤其谨慎，不要让自己有什么把柄让学生捉住。

二、在师生冲突时合理地帮助学生

校园里常常会有意外的事情发生，有时候你教的学生与别的班主任发生冲突了，学生拉你去帮忙，或者在你面前哭诉。此时，你一定要头脑冷静，可不能帮学生去出头，否则你就是丧失了立场。几个月之后，人家师生言归于好了，你算什么？就算没有言归于好，铁打的营盘流水的兵，学生毕业之后，你和人家班主任抬头不见低头见，到那时，就是仇人见面，分外眼红了！你说你算怎么回事？还有一些班主任和其他班主任有矛盾，竟然发动学生或者家长去告那位班主任的状，这是典型的采取了下下之策，还自以为得计，这样的班主任，基本上都是要自吞苦果的。所以，任何时候都不要站错立场。

三、以智取胜是赢得学生尊重的关键

现在无论哪位老师去接哪个班级，没有两把刷子通常是应付不下来的。运气不好者碰到一个棘手的班级，三下五除二便败下阵来。前几年，有关学校生活的日剧与港片很多，影片中班主任多以愚蠢的形象出现，片中讲到学生怎么戏弄班主任，班主任形象被极度丑化。

班主任在与学生交往的过程中，要展示出自己“智”的一面。做事公正、让学生服气、学生可以依靠，这样的班主任才是学生佩服的。师生是分属不同阵营的，班主任在与学生的“交战”之中，如果能够智胜一筹，以智取胜，学生会甘愿做你的“手下败将”的。既然要以智取胜，我们就不能不依靠军事思想，军事思想中有大智慧啊！

典例介绍

有一次，万老师新接手了一个班，班级里有一个男生，名叫小星。此人反应极快，接受能力一流，但学习却不踏实，总喜欢卖弄小聪明，且自高自大，不把别人放在眼里。万老师指出其缺

点，他却左耳进，右耳出。他成绩中上，若偶尔考试成绩居班级前列，就会洋洋得意，沾沾自喜。

小星上课比较活跃，听讲认真，但纪律散漫，屡说不听。对老师也缺乏应有的尊重，常常阳奉阴违，表面一套，背后一套。只是他大错不犯，小错不断，批评他的时候，总是能找到一些客观理由。

这天下午上课，正是春暖花开的季节，学生昏昏欲睡。万老师讲了一会儿课，发现全班许多同学走神，小星也在发呆。他眼珠一转，何不趁机会治治此人。主意既定，便继续慢悠悠地讲了两句话，突然间问了一个问题，语速极快。问毕，马上点名小华回答。小华是小星所在小组的最后一名学生。他晕晕乎乎站起来，题目尚未听清楚，还在发愣当中，万老师迅即说道："前面一位。"坐小华前面这名学生恍恍惚惚站起来道："老师，没听清楚题目，能不能再说一遍？"

你再看这小组其他学生，皆已人心惶惶。小星也在其中，小声问其他同学，什么题目？万老师哪能给他这个机会。每名学生只要犹豫两秒钟，随即就是下一位。说时迟那时快，马上就轮到了小星后面的小陈。这小陈自然也是不知。小星坐得笔直，完全放弃抵抗，只待万老师手起刀落，将他"斩于马下"。

要是这么快就斩他，也枉费了万老师"恐怖老师"之名。"其实人最恐怖之事不是死，而是等死。"万老师这句话值得细细品味。

就在小星等"死"之际，万老师突然刀锋一转，叫道：

"左边一位。"左边之人是芳芳,此时的芳芳毫无准备,突然被叫起,嘴巴张了两张,说不出话来。小星本以为自己也是必"死"之人,不料峰回路转,劫后余生,精神为之一振,又活跃起来。可是不待他细想,万老师又说:"前面一位"。前面这人乃是小星的同桌。小星发现危险并没有远离,又紧张起来。待听到万老师紧接着往前叫去,又松了一口气。

大家想必已经猜到下一个会叫谁了。对了,就是小星前面那人。待到小星被团团围住之时,万老师这司马昭之心,已是路人皆知了。再看小星,在短短一分钟之内,一惊一乍数次,早已灵魂出窍。如今在那包围之中,坐卧不宁,哭也不是,笑也不是,脸上一阵红一阵白的。眼见目的达到,万老师令旗一挥,所有站立之人,全部坐下。

万老师冲小星微微一笑:"今日暂且放你一马。"那小星自此以后再见到万老师果然毕恭毕敬,谦卑无比。

其身正，不令而行；其身不正，虽令不从。
——孔子

善于发现学生身上的闪光点

杨老师担任班主任工作六年以来，曾两次被评为区级模范教师，他总结了丰富的工作经验和心得体会。中国有句古话叫做“他山之石，可以攻玉”，在此我们把他的五条工作经验技巧给大家，和各位有志于成为模范班主任的老师共同探讨研究，希望对您的工作能够有所指导和帮助。

一、正确对待和处分违纪的学生

学生违反纪律一定要受到纪律处分，这一点可以说是天经地义，所谓国有国法、校有校纪、班有班规，无规矩不成方圆。但是怎么样才能使受到处分的学生心悦诚服地接受处罚而不至于产生消极的抵触情绪呢？学生违反纪律本身就是一件不好的事情，我们班主任怎样将这些不好的事情巧妙的转变为好事？最近一年多来，杨老师在班上大力推行一种新的方式：对违反纪律情节比较轻的学生，让他上讲台唱一首好听的歌或者讲一个动听的故事，对于违反纪律情节比较严重的学生让他们用正楷字写一份200字左右的违纪心理感想，描述他当时的违纪心理，但心理感想不是保证书更加不是检讨书。经过一段时间的实践，杨老师发现这种处理方式的效果比以前好多了。

第一，受这种处罚方式的学生一般不会对老师产生心理上的抵触情绪，因为他在上面唱歌或者讲故事时下面的同学会给他热烈的掌声，他是在一种很快乐的氛围中受到教育。第二，学生在众目睽睽之下唱歌或者讲故事，大家的目光都集中在他身上，对他的口才及胆量是一个考验和训练，写心理感想的学生要用正楷字来写，间接的帮他们练字和培养了组织语言的能力。第三，可以使受批评的学生心态更加积极，并发掘到一部分学生的潜能。

班上有一名男生小谢同学，平时不爱出声，有一次违反了学校的宿舍管理条例。他自己选择了上讲台讲故事，结果他的故事讲得很流畅，而且情节生动，获得了同学们一阵又一阵的掌声，在同学们的掌声中，他在大庭广众表现自己的自信心大大增强了，而且充分地意识到自己其实并不比别人差。

二、让学生心悦诚服地接受批评

杨老师刚做班主任的时候火气比较大，很容易在课堂上发脾气批评学生，有时弄得自己也很难堪下不了台；而且用这种方法批评学生，即使学生表面上服气了，但实际上他只是摄于你做班主任的威严，心里却不服气。后来在做班主任的过程中，杨老师不断的反思和探索，最后终于摸索出一些行之有效的招数——退三进一。

什么是退三进一呢？我们看电视时经常可以看到这样的镜头，老虎等凶猛的动物在进攻前首先是身体向后撤退，其实撤退是为了更好的向前进攻！杨老师在批评学生一个缺点的时候先表扬他的三个优点，此谓之“退三进一”。每一个学生都有自己的优点，作为班主任应该善于捕捉每一个学生身上的闪光点，虽然可能只是一个小小的闪光点，但很有可能你通过这个小小的闪光点可以挖掘出埋藏在他心里头的大金矿。

三、营造良好的班级气氛

杨老师所带的高二(2)班，每次月考、期中考试、期末考试成绩都处于全年级九个班的领头羊的位置，而且是遥遥领先于其他班级，这很大程度上得益于班级良好的学习气氛和竞争环境。在班级理念上，他积极主张这样一个理念：积极的人像太阳，照到哪里哪里亮；消极的人像月亮，初一十五不一样。而且自学生来学校军训的第一天起，他就把这样一个理念教给了全班学生，这个理念一直贯穿于他治理班级的整个过程中。

为了配合这个理念，杨老师为班级设计了两套独特的掌声，一套是用来鼓励自己的，一套是用来鼓励他人的，通过这些理念和掌声，激发学生的斗志。学习上他大张旗鼓地鼓励学生向老师发问甚至是发难，问到所有的科任老师当场回答不出你的问题、满头大汗的时候才算真正动了脑筋。纪律上他积极主张“先专政后民主”的方式方法,一个班级必须要有铁的纪律,一切行动听指挥,步调一致才能取得胜利。凡是违反纪律的学生一定要受到纪律处分,而且班主任一定要坚守自己的原则,一旦有一次你没有遵守你自己的原则,那么你将变成一个没有原则的人。在你处理违纪同学的过程中,必然会有少数学生对处理不满意,那么班主任就要在这个时候马上进行疏导工作,这就是“法”和“情”的关系,法律不外乎人情,杨老师先讲法律再讲人情,这是班主任的工作原则。

四、正确的引导班级舆论

班主任在教育、教学、生活和各项活动中,根据是非标准进行褒贬,该肯定的就肯定,并给予适当的表扬和奖励;该否定的就否定,并给予适当的批评和教育,在全班形成一种能够扶持正气、伸张正义、制止错误思想、阻止不道德现象的集体舆论。这种集体舆论不是班主任的单向灌输,而是建立在全班占多数的正确认识与言论基础上,具有同一性、扶正性和对全班成员都有感染力和道德上的约束力,在具体实施的过程中杨老师的方法是借助集体的力量。

举个例子,凡是期中考试、期末考试监考过高二(2)班的老师都会知道在考试的过程中从来没有一个学生提前交卷,更加没有学生作弊等违纪现象。杨老师是如何做到这一点的呢?在高一的时候班上有百分之八十的学生的校服被别人偷过,大家对小偷偷班里的校服事件都深恶痛绝,针对这个现象杨老师在班上召开过主题班会,这次主题班会的内容就是偷东西与作弊,利用辩论等各种方式引导学生得出结论:考试作弊和小偷偷东西没有本质的区别,前者是偷别人的精神财富,后者是偷别人的物质财富,甚至前者更加可恶。同时杨老师还宣布,每次月考、期中考试、期末考试后所要做的第一件事情就是全班通过无记名投票的方式,来投票检举揭发在考试中有不规范行为的同学名单,结果这一招还真管用,考试从来没有学生作弊。真正触动学生的往往是集体的舆论,学生最不愿意的就是他在班级集体心目中的形象受损。

五、培养一支高效率的班干部队伍

刚开始做班主任的时候,杨老师每天忙得不亦乐乎,但效果并不理想。于是杨老师不断地反思总结,最后发现问题的症结——没有培养一支高效率的班干部队伍。其实班主任、班干部及学生三者之间的关系如同伞柄、支架和布,一个再好的伞柄如果没有支架的支撑是无论如何也撑不起一片天空的。

举一个例子,有个班干部抱怨他举办的活动同学们反应冷淡,不够热情。比如,他提出来星期六晚上在班上搞一台文艺晚会,结果表示要参加的人寥寥无几,结果泡了汤。后来杨老师问了其他班干部没有人参加晚会的原因,其他班干部都说是他的工作方式的问题,他说话的口气大多是命令式的,很强硬,很多同学无法接受。

很多刚上任的班干部或者新班主任都喜欢用这种语调,其实很多学生都不太接受这种方式。于是杨老师教这个班干部用这样一种方法：首先讲出这次晚会的节目设想如何丰富多彩、整个晚会的安排等等将同学们的胃口先吊起来，提高大家的兴趣；然后问大家："同学们是觉得这周搞晚会好呢还是下周搞晚会好一点？"这种方法做二选一，既暗示了晚会肯定要搞，又给了全班同学商量时间的余地，而且以这种商量的语气讲出来让所有的学生都感觉到自己的意见受到了尊重。按照杨老师的方法，这位班干部一讲完，班上就激烈地讨论起来，有的说这周、有的说那周，少数几个表示不参加，但大部分人都说下周好点有充分的准备，最后大家达成了共识。在一个星期的筹备中几个原来不太想参加的同学也参加了。最终的结果是这次晚会搞得非常成功，不仅如此，还吸引了大批别的班的学生参加。后来别的班也纷纷效仿，使杨老师班上的学生脸上充满了豪迈之感。

可见，同样的事情但在工作方式上改动一下，取得的效果是完全不同的。

典例介绍

前苏联著名的教育家马卡连科曾经有这样一句话："用放大镜看学生的优点，用缩小镜看学生的缺点。"我国著名的文学家刘心武先生在他的一篇作品中也有这样一句经典的话："一个丑恶的罪犯也有他自己的心灵美！"

优秀班主任杨老师说："我们的学生再怎么调皮也不至于将他同罪犯等同起来吧？"杨老师的班上有个男生小黄，性格比较反叛，具体表现可以用两句话来总结概括：班主任说什么他都不乐意，班干部做什么他都认为不对！但是这个学生有一个爱好——踢足球，口才和反应能力都很不错，出黑板报也是个人才。

有一次与兄弟班踢足球，结果以3：2胜了，其中有两个球是小黄进的，杨老师当时把握住这个大好时机当晚就找他出来谈话，首先赞扬了他今天在足球场上表现如何积极英勇，关键时刻踢进两球，力挽狂澜，为班级的胜利奠下了坚实的基础，获得了同学们一浪接一浪的掌声，之后又跟他聊荷兰足球的全攻全守，巴西的艺术足球。

聊到足球，小黄特别来劲，聊完足球杨老师发现小黄的脸上已经露出了灿烂的微笑，之后杨老师又跟他回顾在主题班会上他如何舌战群雄，面不改色心不跳，然后又大力表扬他出的黑板报如何的别具一格。这个时候他看准时机话题突然一转：“但是你有没有好好想过，你在班上那么有才干却没有一个人选你当班干部，你有没有冷静地思考过为什么？”然后杨老师跟他仔细分析原因，开始的时候他还只是点点头，到了后来他自己主动表态，过了一段时间杨老师又跟他出来长谈了一次，慢慢地发现这个学生在学习态度及与同学相处方面都有了很大的改观。

期中考试后，小黄第一个找到杨老师问自己的成绩有没有进步。高二一开学杨老师就起用小黄做班干部，他做得很出色，而且曾经有一次考试还进入了年级前十名。

再比如，班上有名男生小杨，有一次被班干部记名之后做出了很强烈的反应，他认为自己不过是迟到了两秒钟就被班干部记入了黑名单，觉得高二(2)班的纪律实在是太严了，甚至强烈要求调到其他班去。杨老师把他违纪的事情做了处理，处理的当晚就找他出来长谈，经过一个晚上的长谈，进行思想上的疏导工作后，在杨老师没有要求他赔礼道歉的情况下他自己主动向主管纪律的班干部承认错误。鉴于他的进步，杨老师后来试用该学生担任班干部，结果他很成功地组织了几次班级大型集体活动，由对纪律严格不满意变成了对班级纪律的积极维护者。

你若把你的生命放在学生的生命里，把你和你的学生的生命放在大众的生命里，这才算是尽了教师的天职。

——陶行知

一片爱心育桃李

“教育事业是天底下最崇高的事业，教师是人类灵魂的工程师。”徐老师从1977年参加工作以来，一直担任高中班主任和理化教学工作，他始终以此要求自己、激励自己，在平凡的教书育人岗位上写下了壮美的诗篇。

一、爱岗敬业以教为乐

教育工作是繁重的，教师是辛苦的，班主任老师尤为如此。1977年金秋，正值高考制度恢复，农村中学理、化教师奇缺，学校为了使高中理、化教学正常开课，寄希望于徐老师这个青年教师身上。学校第一年安排他教高一、初三共四个班的物理，第二年安排他教高中毕业班的物理、化学两门课。他深感责任重大，认为自己底子比较薄，必须脱一层皮，换一身骨才能不负众望。

于是在教学工作的同时，深入系统自学大学理化教材，全身心地投入到教学和班主任管理工作之中。1988 年至 1990 年两年中，徐老师先教高三应届毕业班，后教理科复读班，这两年他患重病住院三次。但他的化学教学和复读班班主任工作无法推卸，只得带病工作，在病床上指导学生学习，而且教学成绩突出。

徐老师从教多年来，经历了教师改行从政、下海经商等，但他不为所动，一直默默耕耘在普教第一线。1990 年前后，当时的区委会分管组织工作的副书记多次动员徐老师到行政部门工作，但徐老师钟情于三尺讲台，痴情于教书育人的事业，没有离开教学第一线。徐老师的同学和学生多次邀他到合肥、南京等地好的地方工作，但他更乐意为教育家乡子弟做贡献。他经常与其他老师讲，与学生讲，只要热爱教育岗位，热爱教师工作，再苦再累都是乐趣，只要心情愉快，工作会越做越好，人生、事业就会良性发展。

徐老师任班主任的班级班风好、学风正，多次被评为市级先进班集体、先进团支部。他在学校带的 2000 届高三(4)班，获得了当年全县高考理科第一名的好成绩。全县升入名牌大学的理科考生中的近一半都出自这个班。

二、热爱学生师生情深

徐老师在学生心目中，既是严师、良师，又是益友、挚友。他与学生的关系，可谓师生、父子(女)、朋友多层关系重叠。现在早期的学生称他“老茂”，中期的学生称他“老化”，近期的学生称他“老头”。这些，都是徐老师全心全意爱护、关心、帮助学生的体现。

他堂堂正正做人，踏踏实实做事，正直处世，真诚待人，以苦为乐，积极向上的思想和风貌感染、陶冶着学生。徐老师带领学生上街清除“牛皮癣”，打扫卫生；带领学生到新桥河两岸清理白色污染；带领学生到敬老院为老人服务；带领学生到自来水厂实习、调查等等。徐老师希望通过这些活动来培养学生正确的人生观、高尚的道德情操和强烈的社会责任感。

他所教的每届学生，高考化学平均成绩均列县、市前茅。1988 年 5 月、12 月，他因病住院两次共三个月时间，他安排学生的自修计划和学习材料，遥控指导学生学习。徐老师积极参加学校“蓝青工程”，热情无私地指导年轻教师，使年轻教师较快适应了教学要求，迅速成长为合格教师。

三、根深叶茂桃李芬芳

春华秋实，30 年的倾情投入，30 年的辛勤耕耘，徐老师赢得了学生的敬仰、家长的尊重、社会的好评。他多次被评为市、县、校“优秀教师”、“优秀班主任”的光荣称号。他连续三届被邀为政协委员，他积极参政、议政、建言、提案，为经济建设献计献策。

徐老师所教的学生中有好多考入了清华大学、复旦大学、上海交通大学等名牌大学，他的学生遍布海内外。其中，有海外知名的高级科学家，有在合肥工业大学创建和主持重点实验室，有在美、日参加国际抗癌药物课题研究的教授，有留日博士、有留美博士、留加博士，有中央大型企业老总，有民营企业家等等一大批优秀人才及新型劳动者。徐老师是学生的良师，教师的楷模，领导的得力助手，教育园地的一棵常青树，他为培养人才做出了重大贡献。

典例介绍

徐老师当班主任，不论严寒酷暑，每天早上进教室不迟于学生，晚上学生就寝后还要到寝室去看看。学生的冷暖、喜悦和烦恼，他都看在眼里，琢磨在心里，关心在行动上。

中学高二(7)班有两个学生，成绩中等，可是有一段时间上课注意力不集中，没精打采，成绩直线下降。徐老师经过调查了解到，其中一个学生看小说成瘾，平均每天要看一本，致使学习成绩从班里的第20名降到第52名。另有一个学生上网成瘾，无心学习。徐老师在寒冷的冬夜，冒着大雨到两位学生家做家访，并将两位学生的父母约到学校，与学生本人及家长共同分析原因，耐心细致的交流，共同制订矫正措施，以后又长期跟踪关注不放松。后来，这两位学生的学习态度都有了明显的好转，成绩回升到了原来的位置。

为了加强管理，徐老师每天的早、中、晚及周末假日，经常到网吧、游戏厅去转转，到寝室查查，以了解学生在课外、校外的情况。

有一女学生，家庭困难，接受上海一位好心人资助，但这名学生成天心事重重，愁眉苦脸。于是徐老师找她谈心，了解到这名学生思想压力大，唯恐成绩下降对不起恩人。徐老师开导她，说："好心人资助你，最大的希望就是你过得快乐、健康成长，其次才是努力成才啊！"听了徐老师的这些话后，这个学生思想压力缓解不少。

1979届学生吴某，因家庭困难，高考失利后回乡务农，徐老师多次动员他到校复读，并资助他买复习资料。

1980届有一学生，高中毕业后参军入伍，徐老师写信、寄复习资料，鼓励、指导他，后来他以所在军第一名的成绩考入军事测绘学院。1989届某学生，因几次模拟考试成绩不理想，情绪低落，状况不佳，徐老师就与他一道分析原因，制订复习计划，指导复习方法，并拍胸脯说"你一定能考上重点大学。"当年，该生考入中南财经大学。2004届有一学生，家庭特别困难，徐老师向学校反映情况，争取给予免费照顾，徐老师自己资助她钱、衣、学习用品。

每当过年过节，徐老师都收到来自远方学生的问候、祝福电话、信件。每当和学生们相聚在一起的时候，和他们叙说往事，徐老师觉得这才是最大的幸福。

有一次，他患感冒，下午连上三节课后，高烧到39.5℃。可是第二天清晨，他又精神抖擞地出现在学生面前。他把这一切都看作既为培养人才出了力，也以实际行动对学生进行了示范教育，又使自己的身体得到了锻炼。

学生有进步，他一同高兴，热情鼓励；学生犯小错，他耐心教育，促其改正。班级学生多，淘气学生带来的烦恼，他不以为是烦恼，而看作是一种福气。学生有困难，他帮助；有苦恼，他疏导。天气有变化，他提醒学生添、减衣服，学生在家中对父母有逆反心理，他配合家长开导教育。

在学习上，徐老师将全班学生根据基础大致分为不同层次，因层而异，提出不同要求。每一阶段，对有的学生要求有进步，有的要求其稳住，有的允许其下降多少，这样，每位学生都有跳一跳、够得着的目标，每个学生都有收获，消极因素的影响也就减到最小程度，全班学生在品学方面均可得到较大面积丰收。

徐老师作为教师，先教物理，后长期教化学，也教过生理卫生，教过同一年级的四个班，也同时教过高三、高二、初三共四个班，还一连数年教三个高中复读班，每班100多人。他服从学校的安排，从无怨言，从不上无准备的课，每节课都精心备课，课后总结，每堂课都有改进，都有求新，作业、测试卷认真批改。他不断学习思想理论、业务理论知识，武装、提高自己，广泛涉猎科技知识，时刻留心、注意诸如能源、环保等最新科技动态。他觉得，这样既能提高自己的教学水平，有利于全方位培养学生，又活得充实、踏实、快乐。

他从实践中总结出《既要有老常规又要有新思维》的工作方法和对学生“分层要求，因层施教，各层达标”的班主任工作经验。徐老师安排几套班委会协助管理班级，让尽可能多的学生锻炼工作能力，同时也形成了竞争局面，还使每个学生都感到是平等的，都有成就感。这样，全体学生都有为班争光的集体荣誉感。

徐老师紧跟课改形势，不断探索新教法、新学法，他特别提倡在课堂教学中启发、讨论、辩论，允许学生在课堂上随时发问质疑、争论。20年前，他就总结出了《让学生探索提高》、《学生考老师师生同辩论》等课堂教学方法，开发了学生智力、培养了学生能力，取得了良好的教学效果。

学如弓弩，才如箭镞。识之领之，方能中鹄。善学邯郸，莫失故步；善求仙方，不为药误。

——袁枚

活用“刮骨疗毒”招

“凡战者，以正合，以奇胜。”这是《孙子兵法》第五篇《兵势篇》中的观点。意思是，凡是作战的人，都是用正面交锋，用奇兵制胜。

奇与正看起来是相反的两方面，但其实正是符合事物本来的规律的。奇正相生相成，互相映衬，互相补充。对将军来说，它是作战的法宝，对教师来说，它同样也是工作的利器。

教师平时做工作，一定要以正面的态度面对学生，常规工作、常规方法必不可少。在我们的日常工作中，大量现有的规章制度、常规固定的做法都是“以正合”，这是我们的基本功，是必须做好也是能够做好的。但是，要想使工作达到好的效果，则不能因循守旧，不能受旧有思维的限制，要想出一些出人意料的方法，出奇制胜。用现在时髦的一句话来说，就是要会创新。

一、“以正合”在班主任工作中的作用

“以正合”要求班主任要充分发挥自身的作用。有些班主任，也发挥民主，充分尊重学生的意见，但忽视了班主任在其中的作用。在班级工作中，班主任要充分发扬民主，但是也需要一定的集中，不能什么事情都由学生说了算。在处理学生问题时，该表扬的要表扬，该批评的要批评，赏罚分明，张弛有度。在碰到大是大非的问题时，班主任要迅速表明自己的态度，而不能采取躲避、忍让的态度。对于班级中出现的问题，班主任要有直面的勇气，对于一些班级中不良的倾向和不好的苗头，班主任要时刻保持清醒的头脑，及时采取有效的措施。

班主任要建立班级的规章制度，为班级发展打下一个合理的框架，既给学生充分发展的空间，又对学生的行为有一定的约束。学校的课程设置、班干部队伍、班级日常管理、每天的作息制度、校园和班级环境等等，都是一旦定下来就相对比较稳定的东西，他们对学生潜移默化影响很大，班主任一定要注意在这些方面下工夫，使学生在不知不觉中受到熏陶，受到影响。

“以正合”要求班主任要善于给学生做思想工作。学生在成长过程中会不断地产生思想问题，班主任不要任其自生自灭，而是要正面迎上去，及时地给予辅导和帮助。大道理是必须要讲的，但是要讲得生动，要讲得让学生容易接受，能听得进去。讲道理的方法很多，最有效的办法莫过于通过讲故事来说明一个道理了。生活中有许许多多的小故事寓含着深刻的人生哲理，故事是一个载体，班主任通过故事这个载体说明道理会更容

易令学生接受。对于犯了错误的学生,班主任也不是无原则无节制地批评,而是以理服人。善于讲道理的班主任一定是能够让学生心服口服的。

“以正合”要求班主任要善于以情感人。情感是人世间永恒的东西,在学生面前,班主任能够敞开自己的心灵,不掩饰自己的情感,并且用自己的情感去影响学生。班主任要善于运用自己的情感来调动学生的情感。人是理性的,也是感性的,学生更是如此。做学生的工作要充分利用学生的情感变化,与学生产生情感的共鸣。成功的班主任尊重学生的情感,但是也能改变学生的情感,并且善于创设适当的情景,激发学生的情感。对于学生的不正确的情感,班主任应要加以引导,使学生及时回到正确的轨道上来。

二、“以奇胜”在班主任工作中的作用

“以奇胜”则是攻心为上的需要。学生工作虽然不应也不需要使用阴谋诡计,但是从心理学的角度来说,总使用老一套的方法,时间长了学生就会厌烦。如果经常使用一些“奇招”,反而会收到“奇效”。

“以奇胜”是符合学生的心理规律的。班主任如果一张口,学生就知道你要说什么,班主任说的内容还有什么意义?我们做学生工作,常常会有这样一种感觉,道理学生都懂,可就是记不住,事到临头还是要犯错,对于这样的学生,你再对他讲大道理是没什么用处的。即使讲了,他也可能不会认真去听。相反,班主任别出心裁,想出不一样的方法,必定会给学生耳目一新的感觉。把旧的道理用新的形式表达出来,会让学生对这个道理

有新的认识。

“以奇胜”是有效的工作方法。我们上课也好，做学生工作也好，常感觉效率低下，跟学生讲的东西讲了无数遍，可是还是有学生不能做到或忘记。有时我们忍不住要罚学生，为的是让他们印象深刻。但惩罚是有副作用的，必须谨慎采用。既然要让学生集中注意力，给学生留下深刻印象，那么为什么不出奇制胜呢？用学生想不到的方法，给学生一个鲜明的刺激，学生可能很长时间都不会忘记，班主任的目的也达到了。何乐而不为？

“以奇胜”要求班主任要善于掌握学生的心理。学生是很聪明的，他们会经常地作出判断，他们也会时常揣摩班主任的意图，从而制定自己的对策。比如学生犯了错，心中总是忐忑不安，等着受批评，但是也想好了很多借口。班主任如果知道学生的这些思想活动，不是一上来就批评学生，而是从其他角度入手，出乎学生所料，反而更能收到效果。反过来，若是我们在做学生思想工作时，学生已经有了准备，做好了思想防线，班主任用常规方法就很难攻破了。班主任就是要出其不意，攻其不备。让学生准备不充分，无以应对，从而一举获胜。

“以奇胜”要求班主任要善于隐藏自己的真实意图。学生对班主任的观察可谓入微，班主任的每一丝细小变化都逃不过学生的眼睛。班主任进教室上课，如果脸上挂着笑容，那么这节课学生必定会稍微胆大一些，因为他们知道班主任很高兴；反之，如果班主任寒霜罩脸，学生自然噤若寒蝉，不敢轻举妄动。当然这不是鼓励班主任不苟言笑，只是要说明一个道理：太容易被学生摸透的班主任很难在学生中有威信。出奇制胜的班主任是不会轻易让学生知道自己的真实意图的，否则谜底揭开之时，就不会收到好的效果了。

三、“以正合”与“以奇胜”二者的关系

高明的班主任，能够出奇制胜，当水落石出之时，结果虽出乎意料之外，但细细思之，却在情理之中，这便是“以正合，以奇胜”了。出人意料又符合情理要求班主任“正”的功夫要熟练，“奇”的功夫要精湛。奇正搭配，运用自如。

有一位教师说起她初中的数学老师，那是个老太太。关于这位老师，她有一件印象最深的事：老师有一个圆规，她曾经告诉全班，这把圆规陪伴了她的整个教学生涯，虽然现在有很多更好的，但是她从来没有换过。后来有一天，一个调皮的学生不知道什么原因，把圆规弄坏了！老师当然很生气，但是她没有批评那个学生，而是自己拿着圆规在那里生气，甚至上课了都没法控制自己的情绪。全班寂静无声，谁都不知道该怎样解决这个问题。那个学生先忍不住了，他站起来大喊：“你生气就骂我呀！这是干吗呀！”说完就冲出了教室。大家都愣在那里了，有几个同学要去拉他回来给老师道歉。老师却说：“让他去吧，他在气头上，一会儿就好了。”语调还是一样的平淡，接着就开始讲课。后来那个学生给她买了一个特别好的圆规，老师起先不要，他就说老师不要就是不原谅他，老师只好收下，但是她说，她还是用修补好的那个圆规，因为那是她一生的财富，而这把新的，她会好好珍藏。从此以后的数学课上，就再也没有一个同学说闲话开小差了。

在这个故事中，老教师的“奇”并非有意为之，只是本性所然，但是由于其他教师的“正”反而衬出了她的“奇”，结果这件

事情给全班同学留下深刻印象，对所有学生尤其是当事人产生很好的教育作用。以至于许多年之后，当年的学生仍然记得这位老教师，仍然记得这件事。

当然了，我们所主张的并不是这种“瞎猫碰到死耗子”式的“奇”。我们要做的是学习学习再反思，出奇制胜的招数只能是有限次，学生一旦适应了，原来的“奇”就不再是“奇”了，就得换别的方法了。

要说明的是，奇正不过是我们处理事情的两种方法而已，其目的是一样的。都是为了把事情做好。绝对不可以为“奇”而“奇”。有时候，必须要义正词严，正气凛然；有时候，必须要出其不意，迎头痛击。实践是检验真理的唯一标准，奇正策略是否正确必须依靠效果来检验。奇正作为手段和方法，脱离了具体事情本身就无法判别其优劣。我们认为，符合形势顺应形势的做法才是好方法，产生良好教育效果的方法就是好方法。

“以正合，以奇胜”我们便能够给不变的生活注入新鲜的血液，使平凡的思想产生震撼的效果，我们便能够促使学生思考，在思考中认识，在思考中提高。

典例介绍

下半学期，班级的几名男生忽然间迷上了玩电脑游戏，这股风气一下子蔓延开来，他们通常会向家里打个电话，说今天班里某某同学过生日，我们一起去给他庆贺一下。然后他们会用同样的理由来找老师，老师也没什么理由阻拦。其实万老师很清楚，即使他们真的是为同学过生日，地点也会选在网吧。

部分男生玩游戏是真的上瘾了，他们的学习成绩出现了明显的滑坡，作业马马虎虎。有一个叫小周的学生家里只有一个保姆，没有人管他，于是他们家就成了一个据点，男生们经常到他家里去会合。

事实上，小周学习成绩并不差，他很聪明，学习效率很高，学习成绩受影响并不太大，真正遭殃的是跟他一起玩的另几名男生。万老师不是不采取办法，而是在等待时机。

一个周日的晚上，小周和另一名男生找到万老师："老师，我想回家，我校服没有带，明天早上升旗仪式要穿的。"另一名男生说："我也要回家，我弟弟生病了。""你弟弟生病为什么要你回去？"万老师问道。"因为我爸爸出差去了，我妈妈打电话让我回去。"于是万老师同意了。

其实，万老师不但不相信他们，而且还知道，他们在撒谎。因为他看到小周的校服就在他的包里，一根袖子还露出来。至于另一个，晚自修刚结束，学生又没有手机，他从哪儿接她妈妈的电话？

万老师来到校门口，看到小周他们两个人上了一辆出租车，于是随后坐上了另一辆出租车。汽车穿过几个街区，停在了一家网吧旁。

万老师返回到学校之后，马上给他们的父母打电话，把他们请假的原话说了一遍，然后说当时很急，没来得及跟家长联系，现在想想不放心，还是问一下家里，问一下他们是不是平安到家了。

两位学生的家长果然非常震动，小周的爸爸在电话里说："我马上去找。"

十分钟之后，万老师收到了意料之中的电话，两名学生在网吧里被当场拿下。小周的爸爸叫了辆出租车，把他们俩送到学校。小周的爸爸一边向老师表示感谢，一边希望学校的规章制度能更加严格一些。

随后，万老师找他们俩谈了一次话，主要有两点：第一，诚信问题，告诉他们欺骗老师一次以后老师就很难再相信他们了；第二，自控力，告诉他们软弱的人往往就毁在不能控制自己的行为上。

学校最后决定给他们两人警告处分，两人的家长对于两个学生的行为感到痛心疾首，万老师代表学校告诉他们，如果一学期之后两人表现良好，处分将会撤销，也不会记入档案。结果，小周这学期再也没有去玩游戏，他得努力撤销处分，而且，以后也没有沉迷于游戏。“他们都是聪明学生，只要成绩提高上去，就会体会到学习的好处。上次他们只是一时糊涂，有了这次教训，再自我放纵的可能性就不大了。”万老师笑着说。

期中考试，小周和那一名学生的成绩都有了很大的提高。为什么人非得有了一个处分才努力呢？不管是老师好心劝说，还是发火，他们根本不往心里去。韩信胯下之辱的故事说明要不是那三个小流氓，韩信就是凡人一个。譬如脓疮，挑破了反而好得快。

万老师这招叫做刮骨疗毒，先把错误充分暴露，然后一举除掉，这样才会彻底。

第三编

先进生教育案例

作为班主任，大都偏爱优等生，一味包容优等生，在中等生和后进生看来，就是班主任不公平、不公正的表现，同时也会滋长优等生的傲气，这样班主任也就得不到学生的尊重。

教育是立国之本……千教万教，教人求真；千学万学，学做真人。
——陶行知

优等生更要高标准严要求

李老师 1994 年 7 月从大学中文系毕业后，先后担任了四个班的班主任。他在多年的班主任工作中勤于钻研、勇于实践、身体力行、以身作则，不断总结工作经验，讲求工作艺术，形成了一套有自己特色的工作方法，取得了很好的工作实绩。

一、业务素质过硬——处处以身作则

一个班，关起门来就是一个大家庭。如果这个大家庭中的每一个同学都如兄弟姐妹般互相关心着、帮助着、照顾着、鼓舞着，那么这将是多么温馨多么和谐的事呀！李老师通过自己的努力，做到了这一点。

李老师中文本科毕业，专业知识过硬，并且有很强的自学自修和钻研能力，与时俱进，不断吸取推动时代进步的科学知识，积累教学经验，提升自己的综合能力，工作以身作则，发扬艰苦奋斗勤于拼搏的精神。他以广博的知识和勤恳的敬业精神打动了学生，在学生面前树立了自己崇高的威信。

二、关心关爱学生——营造和谐氛围

在严爱优等生的同时，要做好以点带面的工作，也就是信任后进生，激励中等生。李老师认为：关爱优等生，最好的办法就是信任他们，相信他们是聪明的，有自己的特长和优势的，放手让他们参与到班级管理中来，分配给他们适当的任务，放手让他们去独立完成，让他们发挥各自的优势。这种信任，就是老师对优等生的尊重与关爱。有了这种尊重与信任，优等生一定能找到自己的自信点，然后不断积累细小的成功，并逐步扩大成功，最后走向全面的成功。

如小梁同学无论做什么总比别人慢上一个节拍，经过细致观察，李老师发现该生虽做事缓慢，但还是比较认真的，字写得非常工整，考虑事情也很周全。但就是有些瞻前顾后，患得患失，抓不住事情的主干，分不清主次，所以往往做事容易抓了芝麻丢了西瓜。于是，李老师首先帮助他分清主次，并让他和优等生中的性急同学结成对子，取长补短。最后该生彻底改掉了陋习，学习也主动积极起来，高三毕业考试考出了理想的成绩。

中等生往往是一个班中最容易忽略的群体。往往班主任对于中等生只是“带”，使中等生多是处于“放羊”状态，很少去重点抓。中等生长期以来形成了比较稳定的心理状态，他们既不像优等生那样容易产生优越感，也不像后进生那样容易自暴自弃。他们希望老师重视他们，但又害怕抛头露面，他们往往用沉默来维持自己所谓的自尊。不参与，就不会做错，不会被人笑话。李老师善于抓住这类学生的心理特点，充分动员优等生"一帮一"，结对子，调动中等生的积极性，正确对待他们的反复，始终如一地尊重、理解和信任他们，鼓励他们发挥优势，积极展示自己的才华，很好地促进了这类学生向优等生转化。

三、实施自我管理——培养团队精神

班级常规管理是一项整体的工程。把学生的积极因素调动起来，才能形成合力，共同构筑学生自我管理机制。因此，李老师总能想方设法构建学生自我管理体制，为学生设置多种岗位，增强学生的主人意识，让每个学生都有机会上岗"施政"，有服务同学、锻炼自己、表现自己、提高自己的机会。班级常规的具体内容每学期都根据班级的实际和学校的要求，及时地做出适当的调整，使其跟上学生、班级的变化，不断提高要求，引导学生的行为和品德向更高的层次发展，促使学生通过自我教育，自我调整而不断成长。

1. 建立值日班长制。按学号轮流来当值日班长，班中的事由值日班长全权负责，常务班长协助工作。值日班长负责检查当天的卫生、纪律，督促每一位同学做好自己分内的事，记载班务日志，检查班干部的工作情况。这样极大地激发了学生的主动性，培养了他们的才能，班级的自我管理得到了加强，班集体内部也日趋团结。

2. 民主改选班干部。班级实行民主改选班干部，不仅为更多的学生当干部创造了机会，而且也让每一个学生有了自信，相信我能行。同时这样也能时时督促班干部把事情做好。李老师采取班干部定期轮换制的方法，班干部从同学中间选举产生，由学生自我推荐作竞选演讲，再由学生无记名投票，民主选举，组建班委会。这样既可以给更多学生提供锻炼的机会，又有利于学生干部摆正个人和集体的位置，正确处理个人与集体的关系。班干部的职责是协助值日班长管理班级，负责文娱、体育、劳动、学习等各方面的工作，并记录工作情况。

3. 事事落实到个人。明确每位学生在班级中的位置和责任，使学生体会到自身的价值和尊严。为调动每一个学生的积极性，使每一位学生都可能在班级中找到一个合适的位置，担负一项具体的工作，人人都为集体作贡献，人人都意识到自己是集体中不可缺少的一员，李老师在班级管理中建立了一套“事事有人干，人人有事干”的制度。重点包括班干部管理制度、值日生管理制度和任务承包责任制度。在这种广泛的参与过程中，使学生在集体中找到自己的“位置”，觉察到自己的利益所在，从而形成责任意识。

4. 勇于迎接挑战。李老师曾接手过两个有名的乱班、差班，班风学风差，学生打架、吵架是家常便饭，目无学校组织纪律，很有些无法无天的样子。李老师迎难而上，细心观察和调查，摸清底细，然后找学生逐一谈心，真正平等地和每一个学生对话，听取他们的心声，尊重他们的意见，弄清每个同学的优缺点之后，认真推行民主管理制度，让学生自己管理自己，自己管好自己，然后积极参与到班级管理中来，让每个人都意识到自己是班级的一员，是其中的一个小主人，并支持和帮助每个同学实现自己对班级的建设性管理，让每个同学在成功中走向更大的成功。学生的主人公意识调动起来了，主动性和创造性就能很好地发挥，最后这两个班均成为优秀毕业班，分别在各自的毕业会考中荣获全县第一名的好成绩，为高中部输送了大量优秀学生，李老师也因此两次被评为校优秀班主任。

李老师业务素质过硬，班级管理公平公正，方法灵活多样，得体得理。班级民主气氛浓烈，为成功转化两个乱班、差班做了大量的工作。他能很好地培养学生健全的人格，促进学生德智体美劳全面发展，为社会为国家输送了大批合格的建设者。

作为教师，大都偏爱优等生，也正因为这样，优等生的一些缺点往往被忽视、被掩盖、被原谅、被袒护。久而久之，优等生就形成一种优越感，只重成绩而轻视思想品德修养。殊不知小的缺点会造成大的隐患，最终铸成大错。一味包容优等生，在中等生和后进生看来，也是班主任不公平不公正的表现，同时也会滋长优等生的傲气，这样班主任就得不到学生的尊重。

李老师对于优等生从不过分宠爱，更不迁就，时时提醒优等生“既要学会做学问，更要学会先做人”，做一个正直的人、热情的人、向上的人。优等生不单纯是学业要优，更重要的是人品要优，心胸要广阔，心理要健康。对他们要严格要求，警钟常敲，他们才能克服自身的弱点，谦虚谨慎，不断进步，逐步走向成熟。

比如唐同学,进入初中时年龄偏小,头脑灵活,特别好动,学习易满足,不踏实,还经常爱说话,影响班上纪律。李老师在表扬其优点的同时,严厉指出他的缺点及危害,并多次和家长沟通交流,对唐同学提出严格要求,共同督促,检查落实。最后该生终于走出了自满的怪圈,踏实勤奋了,在 2005 年高考中考出了理科 619 分的高分。

再如,他接初二某班时,有一部分同学,成绩不错,但行为习惯较差,自由散漫,我行我素,不注重思想品德的修养。他对他们除耐心的教育外,还通过学生的操行评语来严格管理,无论你是第一名,还是后十名,也不管你是否是班干部,均一视同仁,从不以成绩优秀来评定其操行的优秀。一学期结束拿通知书时,有一位家长看到儿子的成绩在班上名列前茅,而操行等级为“及格”时,不禁说道:“老师的要求真严啊!”

苏霍姆林斯基说过:“教师爱学生,不是姑息迁就,不是放任自流,而是一种父母亲的温存,睿智的严厉与严格要求相结合的爱。”李老师对学生的爱不是溺爱,也不是宠爱,而是在向学生倾注爱的同时又以严字当头,对学生的缺点错误绝对不姑息迁就,这是他一贯的做法。

在班级管理过程中,班主任的思想、行为、作风和品质无不感染、影响着学生,身教胜于言教。作为一个班主任,工作责任心还体现在要以身作则,以自己的实际行动为学生树立榜样,要求学生做到的自己首先做到。孔子曾经说:“其身正,不令则行;其身不正,虽令不从。”因此,身体力行是班主任做好工作的前提。他坚持每天早上提前15分钟到教室,每天晚自习提前30分钟到教室组织学生开展英语听力,每天晚自习最后一个离开教室。十几年如一日,他关心爱护学生,并把它当作一个教师的最起码的师德。

男孩子生性自由，不善服从；对待他们，当以诚恳和率直的态度，帮助他们建立起勇气。

——蒙田

以柔克刚，用温情打动学生

当学习委员未评上三好生，一而再、再而三地耍脾气逞威风时，张老师采取了退让，但是这样并没能解决问题。后来他设身处地给他讲道理，深入地分析他的心理，触动了他的心灵，最后所有的问题迎刃而解。

这里面既有教师的职业道德问题，更有工作艺术性的问题。在工作中遇到学生顶撞老师的时候，班主任一定要冷静，千万不要意气用事，更不能采用“以眼还眼，以牙还牙”的方法。

每一位班主任所带的班都应该是德智体美劳全面开花，所教的学生也应该是德智体美劳全面发展，我们不能把德育架空，不能把德育作为“独生子女”来对待，德育与智育应该是水乳交融的。

张老师借鉴国内外著名教育家的经验,在教学工作中采取了以下四种方法:

一、惩罚——不需要语言

陶行知先生在教学中巧妙地处理过这样一件事。考完试之后,一个学生拿着自己的试卷要求陶先生将99改成100。陶先生仔细看了一遍试卷后,什么话也没有说,将99改成100,只不过随手在一个字上点了一个小红点。许多年过去了,那个学生还时常回忆起这件事,并总爱说一句话,那个小红点点到了我的心里去,它教会我怎样诚实做人。原来陶先生点的那个字是被那个学生改过的。

面对学生错误的行为时,有时只需要一个眼神、一个动作就会收到"无声胜有声"的效果。当然这个眼神、这个动作既包含着对孩子错误行为的责备、制止,更包含着对孩子的尊重与关爱。

二、表扬——也是一种最好的惩罚方法

在非洲一个土著部落,当族中一个人犯了错误时,这个人就要站到村子中央。族人从四面八方赶过来,按长幼次序站好,把犯错误的人围在中央。惩罚不是辱骂与拷打,而是每个人都来说一说这个人的优点或长处,而且所说内容不准重复别人。

表扬不仅可以帮助犯错误的人坚定"自己还是一个好人,还是个被社会接受的人"的信念。同时,还可以加深自己对错误的认识,更有利于其悔改。

三、不问——培养孩子的责任心

一位著名教育学专家在一次报告会上讲过这样一件事：他的女儿上初中时，每天早晨起不来，以至于他和他的夫人每天总要三番两次地喊。那一天，他决定改变策略。他买了一个小闹钟给他的女儿，并且告诉她，从第二天起不再喊她起床，迟到及由其引起的一切后果自己负责。果然，第二天女儿在闹钟的提醒下早早地起了床。

生活中，有些常规的事、习惯的事，做父母或老师往往包办太多。其实，太多的事，我们可以不问。

四、顺应——让“错”成为一种教育资源

现今英国皮亚丹博物馆收藏了两幅画：一幅是人体骨骼图，一幅是人体血液循环图，这是迈克劳德的作品。当年迈克劳德还是一名小学生的时候，由于对狗的内脏好奇，很想看看狗的内脏是怎样的，于是就杀了一只狗。而这只狗恰是校长的宠物，校长决定给迈克劳德处罚，罚他画两幅图。这两幅图就是现今博物馆收藏的两幅图。迈克劳德后来成了一位有名的解剖学家，得益于校长对他小时侯好奇心的保护和引导。后来迈克劳德和医学家班廷一起发明了治疗当时的不治之症——糖尿病的新疗法，这就是胰岛素治疗法。他们因此而获得 1923 年诺贝尔生理奖。

惩罚的最终目的是教育。当孩子犯错误时，我们首要的是冷静下来，分析孩子错误行为的心理及动机。而不是好心办坏事。

我们认为正确的惩罚，不是为了“治”学生，而是为了帮助学生认识错误、改正错误，树立一种责任感、一种自信心、一种健康的心理。惩罚教育要以尊重和关爱为基础，树立以人为本的思想，尊重学生人格，尊重学生个性差异，尊重学生情感；惩罚不是讽刺挖苦，不是体罚，不以侮辱学生人格，伤害学生为目的，而是通过有效的教育手段促使学生汲取教训，更好的健康成长。

惩罚的方式、手段、力度应该经过学生讨论通过，教师只能依规则实施处罚。这样，处罚规定实际上就变成了一种契约。遵守契约规定就是兑现自己的诺言，违约则意味着未守信用。因此，对这种惩罚，“违约”的学生比较容易接受。

惩罚所取得的结果是有过失的自然后果，而非强迫学生接受的惩罚。这种惩罚有利于学生自我意识的良性发展，有助于学生对自己错误的正确认识，减少本能的抵抗情绪，还有助于增强学生为自己过失而负责任的意识和社会责任感。

典例介绍

一天，张老师回到办公室，刚坐下，一眼看见桌子上有一封信。拆开一看，是小李的辞职书。信中写道：“张老师，今天我郑重地向您提出辞职，因为我不称职。我想同学们并没有把我当作班干部。作为一个学习委员，连三好生都评不上，难道说称职吗？您必须答应我辞职，不要对我讲些不该辞职的话。这样的结果我接受不了，我甘心退出。现在，我只求您为我做这件事。”署名是小李。

学习委员小李落选了。应该说他是个好学生，品德好，学习成绩在班内名列前茅，在如何搞好全班学习上也

尽职尽责。他最大的缺点是有点傲气，而骄傲最容易脱离群众，这次落选也在情理之中。

小李本应吸取教训，谁知他却闹起了情绪，公开在班内砸桌子摔板凳。张老师耐心地劝导他正确认识评选三好生的工作，好话说了一箩筐，结果他递上了辞职书。“学生的思想工作太难做啦！”张老师感慨无限，但并未丧失信心，又叫来小王——小李的知心好友。发挥同学的作用也是一个好办法。

小王爽快地接受了任务，从眼神看，他充满了自信。第二天一早，办公桌上又摆上了小李的一封信。“张老师让小王劝我，您真有办法。明知他和我是好朋友，却让他为我难堪、难过、焦急。我的主意已定，不会再改。君子一言，驷马难追。让谁来劝我，都只能让您失望。别再找我谈话，否则，别怪我不给您面子。”措辞更激烈。张老师不知小李这么固执，心里想，难道九头牛也拉你不回头了吗？还是冷一冷，让他清醒一下。张老师决定把这件事做个冷处理，过几天再说。

学校发下三好生登记表，上午放学后，班长通知六个同学到办公室填表。班长阴错阳差，六个同学中竟然忘了小许却拉来了小李。一进办公室张老师看到小李脸上阴转晴，心中暗叫“坏了”，真是屋漏偏逢连夜雨，船破又遇顶头风。五分钟过去了，张老师无法开口，一时冷了场。班长恍然大悟，急得直冒汗。小李是个聪明人，一见办公桌上一沓三好生登记表，“砰”一声巨响，便摔门而去。

下午全校大会，区宣传部长作国际形势报告。大家聚精会神地坐在教室里收听，而小李却几次抛东西玩儿，一副玩世不恭的样子。张老师用眼光暗示他，他不理不采。抛东西玩累了，他又和邻座同学说说笑笑，一副洋洋自得的样子。三番两次，张老师心头的气腾地顶上脑门，真恨不得把他拽起来训斥一番，或把他赶出教室。可又一想这岂不是"以眼还眼，以牙还牙"吗？这样做可以挫伤他的锐气，自己也解了气，可是小李呢？或者是与张老师势不两立，或者是从此一蹶不振。师生之间就会形成难以填充的鸿沟，太可怕了！张老师不禁打了个寒战。心情平静下来，又一想：小李这样做不是小孩子的做法吗？平民百姓都懂得大人不记小孩过，何况是老师呢？再说他抛东西玩儿、随意说笑，这不是想引起我的注意吗？看来得换个方法。晚上张老师思考了许久。

第二天早晨张老师请来小李，小李阴沉着脸，张老师逗他说："什么时候雨过天晴啊？"接着说："你身居要职却未选上三好生，换了我，我也要辞职。"小李一愣，抬头看看他。张老师恳切地说："你是个上进的学生，热心为大家服务。辞职后无官一身轻，但你心里会好受吗？你的辞职书昨天晚上我又看了两遍，上面有几处水渍，那是你的泪，对吗？你从内心不愿辞职，不愿放弃为同学们服务的机会，你只不过这口气咽不下，是吗？"小李轻轻地点了点头。"昨天听报告，你抛东西玩儿，与别人说笑，其实你内心并没笑，而是在哭。"小李眼里噙着泪。

见软话打动了他，张老师于是又讲到如何正确对待荣誉、对待自身缺点、对待挫折,不要做弱者,不应乞求别人的同情,要自强的道理。这番话打动了他的心。他表示回家后好好思考思考,争取在班内重新塑造自己的形象。

第二天一早,他取回了辞职书。

教育根植于爱。
——鲁迅

坚决改掉“可爱的小毛病”

小红成绩优异，在老师和家长的眼中，她算是一个非常出色的学生，大家都非常喜欢她。但是她也有一些不好的地方，比如容易骄傲自满，什么事情都要争第一，好胜心特别的强。这种心理极大地影响了她自身的发展。面对这种情况，班主任怎么处理呢？

总的来说，成绩优秀的学生在智力、学习成绩和日常表现方面确实相对优秀，通常意义上，我们称之为先进生。但是不容忽视的是在他们的心理上却或多或少地存在着一些障碍：高傲自大、争强好胜、嫉妒心理、感情脆弱等等。这些心理问题又往往被其优秀的成绩所掩盖，未被教师发现，或被忽视，或被认为是“可爱的小毛病”。

彭老师从2005年9月开始担任班主任工作,至今已经有一段的时间了。在这段时间里,他慢慢地感觉到这个班的大部分学生都非常优秀,他们与众不同,而且不光是彭老师有这种感受,其他老师也有同样的觉察。但是先进生大多都有这样的表现:

1. 自傲心理

先进生学习能力较强,大多是各项工作和活动的骨干,尤其是愈演愈烈的升学压力下,优秀的学习成绩使他们有了最令人眩目的光环。有的老师对其过分信任和偏爱,有的同学作业有困难向他们请教,不知不觉中他们就产生了谁都不如自己的优越感。久而久之,傲气油然而生,致使他们在自我评价上产生片面性,既看不到别人的优点,也看不到自己的缺点,不晓得“山外有山,楼外有楼”。在同伴交往中恃才倨傲,以自我为中心,不管别人是否接受,喜欢妄下结论,固执己见,有时甚至表现非常敏感,钻牛角尖。

2. 好胜心理

先进生由于长期处于“金字塔尖”,往往好胜心强,容不得别人超越自己,听不得反对意见,受不得一次挫折,凡事总要与别人比个高低,而且不愿让人,更不愿容人。一旦遇到打击,要么情绪低落、悲观失望、自暴自弃;要么把抱怨指向别人,怨恨嫉妒、推卸责任。

3. 负重心理

先进生因其学习处于拔尖的特殊地位,所以,老师、父母都在他们身上寄予了较高的期望。尤其是当前社会上对择校的狂热，更使他们感受到这种期望并觉得无论如何也不能辜负这种期望。老师、父母的期望是一种动力，但同时也会使优秀生背上沉重的心理负荷，造成心理疲劳，容易出现失眠、食欲减退，损害身体健康。在沉重的心理压力下，偶尔的一次考试的失误，就会使他们惶惑不安、情绪低落、自信消失，产生一系列心理问题，甚至有一切都完了、老师父母都不会再喜欢自己的绝望心理。愈演愈烈的单纯追求升学率的问题，也是加重先进生负重心理的重要原因。

针对先进生的消极心理，彭老师采取了以下的一些教育对策：

1. 树立目标，明确方向

先进生成绩名列前茅，在他的小圈子里，没有竞争对手，容易满足现状。彭老师就做了有心人，他帮助这些学生制定明确的目标，如长远目标：从名人传记、伟人事迹中确立自己的人生目标，明确什么样的人才是优秀的人才、社会的中坚。中期目标：考上重点大学，学更多的知识，练就过硬的本领。近期目标：争取全年级第一，以优秀的综合素质跨入重点中学。长远目标、中期目标与近期目标相结合，使他们有目的、有方向、有信心、有步骤地全面学习，正确认识升学和学习之间的关系，而不片面地为升学所困，放眼未来，在成绩面前永不知足，一步一个台阶，脚踏实地，不骄不躁。

2. 勤作比较，认清自我

彭老师经常搬出班级各类“尖子”让他们自我比较：“学习尖子”值得大家学习；“体育尖子”十分令人羡慕；“自理能力尖

子”同样值得骄傲……取长补短，全面发展，才能成为真正的“尖子”，真正的先进生。彭老师经常搬出年级中的综合素质方面“尖子”，介绍这些“尖子生”的学习生活情况，将这些先进生与他们进行比较，使他们知道“山外有山，楼外有楼”。这样来激发他们的求知欲、想象力，激励他们勇于创新，主动探索，同时，不盲从社会上以分数论英雄的片面认识，在教师、父母的期望中找到真正的自我。

3. 因势利导，自我内化

先进生不易接受外界的忠告和批评，有时干涉越多，说教越甚，他们的逆反心理就越强。但他们理解能力强，上进心也强，所以彭老师因势利导让他们自我内化，意识到自己的缺点，感觉到改正缺点的必要，由此产生自觉自愿地弃旧图新的动力。极限催化，不失为达到这一目的的好办法。

极限催化不是对缺点进行逆阻，而是采用一种对缺点顺推的方法，创造一定的条件和机会，催化其缺点，按教育者既定的范围和方向发展下去，以至发展到极限。当学生的缺点发展到某一极限时，他们便会产生羞愧难当的感觉，进而回过头来反省自己的所作所为。于是便深刻地意识到自己的缺点及其危害所在，从而痛改前非。

4. 经受挫折，严中施爱

人生的道路上不都是洒满阳光、铺满鲜花的，独生子女娇生惯养，生活的道路可谓一帆风顺，先进生尤其容易得意忘形。专家学者一再呼吁：给孩子们一点挫折教育吧！因为挫折教育能使先进生更坚强，知道“金无足赤，人无完人”，因此彭老师就对先进生进行挫折教育,加大他们的心理承受力。通过挫折教育,培养了先进生谦虚的美德,懂得了“三人行,必有我师”的道理,同时也调节了他们自傲自大的心态,从而健康的成长。但作为一名班主任,在充分认清这一点的同时,也要注意先进生自身优势以及特殊地位带来的对教育的心理反抗。彭老师在严格中表达对先进生的爱、以真切的关爱、平等的关系、朋友式的帮助,引导优秀生从偏爱、溺爱的羁绊中走出来,让他们成为真正的先进生。具体做法有以下几点:

(1)对待先进生不特殊化,把他们和其他同学一样看待。

(2)先进生担任学生干部不搞终身制,合理轮换,使他们适应能上能下的机制。

(3)对先进生犯错绝不忽视,更不迁就,而是严肃批评,让他们习惯做错也一样要受批评,甚至受处分。

(4)多给先进生创设一些品尝失败的机会——不是有意让他们失败,而是引导他们尽可能多地在不同领域不同方面摸索、尝试。在这个过程中,必然会有失败,而当他们对此习以为常时,就学会了坦然面对人生路上的挫折、打击,从而更勇敢、更坚强。

一些调查研究显示,学校中先进生踏入社会后,并没有都在事业上取得优秀成绩,而一些在事业上取得成功的人,除了智力因素外,与心理品质有着很高的相关性。可见,心理品质的培养有多么重要。精雕细琢,帮他们进行自我完善,使之心理、思想、智能素质全面提高,有个健康的人格,才能使学生成为真正的先进生。

案例一:"小状元"小洋不见了

进入夏天的一个中午,小洋的母亲慌慌张张地来到学校,边哭边说:"彭老师,我的孩子丢了,亲戚朋友家都没有,这怎么办呢,求你帮帮忙吧!"说着,说着,小洋的母亲瘫倒在椅子上。

教室里一下子乱了起来,同学们议论纷纷:"小洋是不是叫坏蛋给拐跑了?""小洋是班级'小状元',他不会那么傻就叫坏人拐跑的"。有的说:"小洋是不是出了什么危险,咱们分头去找一找吧!"还有的说:"小洋家离学校很近,性格内向,一般不爱上别人家,他会没事儿的!"班主任彭老师看了看表,说:"现在还没有上课,同学们一定注意安全,两三人结成一帮,分头去找一找。"

十分钟过了,二十分钟过去了……同学们终于把眼圈红肿的小洋找了回来。经过调查才知道,小洋和晓东都是班级的体委,但同学们一致认为晓东的嗓音响亮,向老师提过让晓东当体委,小洋接受不了这个事实,在晓东当体委几天后,离家出走了,在大河坝边哭了一个中午。

彭老师发现了问题的严重性,及时召开了"小洋一事想到的"主题班会。会上同学们纷纷发言。有的说:"小洋,你不应该这么悲伤,你的学习那么好,你是大家公认的'小状元',你应该感到自豪和骄傲。"有的说:"小洋,你不应该想不开,嗓音好坏是爸爸、妈妈给我们的,晓东的嗓门确实比你亮。"有的说:"小洋,你不当体委,你仍然是好学生,咱班同学你最听话、最守纪律。"有的说:"小洋,你聪明好学、团结同学、处处严格要求自己,你始终是我们学习的榜样。”……听着,听着,小洋的泪水流了下来,呜咽着说:“对不起同学们,我没想到你们还能看得起我。平时学习时,我对自己要求很严格,我想做班级最好的学生。这次不当体委,我觉得再也没有脸见同学们了,没想到,妈妈为我病倒了,同学们依然这么关心我,还让我知道我有那么多长处。现在我明白了,嗓子好坏是不能改变的。以后,我还要努力学习,让妈妈放心,请同学放心,我再也不会离家出走了。”这时,彭老师说:“从今天开始,我们班的班级干部采取轮流制,全班56名同学,每11名同学当一个月的班干部,下个月轮换。希望全班同学都树立一种思想,我们既可以当班干部做好老师的小助手,为同学服务,又可以当一个普通学生,欣然接受别人的领导。在学习生活中,我们要积极进取,既乐于享受成功的喜悦,也能接受失败的考验。这样,我们才能做到逆境中不气馁,顺境中不自傲,养成良好的心理素质,去接受未来各种环境的考验。”

不久,班干部轮流制不仅使学生不为任何小事斤斤斤计较,而且,全班学生都能用班干部的标准,时刻严格要求自己,班级学习的氛围浓了,学生的整体素质提高了,班级的管理上来了,彭老师的班成了学校出色的三好班级。

案例二:“大姐大”丽丽变了

班上的同学们,都知道班里有个有名的“大姐大”,她叫丽丽,平时在班级能呼风唤雨,是学校的学生会干部和班级的学习委员。

她过生日，班里的女生给她买来了各式各样的小礼品，还一起为她生日举行仪式祝贺。她经常向老师、学校反映情况，如果是跟她关系好的同学，她就会入木三分地加以美言，如果是跟她关系一般的同学，她就会轻描淡写或者是不分黑白地反映情况，认亲为贤。久而久之，同学们都想借助她受到学校或老师的赞赏，她成了名符其实的学生情况的"二传手"。

了解这些情况后，在一个雨后的黄昏，彭老师和丽丽做了一次长谈。抚摸着丽丽的头，彭老师中肯地剖析了她的不足："作为班干部，你第一点的不足是没有用公正的尺子反映班级学生的情况，这样就会在学生中形成一种歪风，歪风会像恶瘤一样，带动整个学年的学风，这是作为班干部之最大忌，生不畏我能而畏我公。这种方法导致学生敢怒不敢言，而背后却对你压而不服。第二，作为班干部，我们应该是为同学服务的，人无高贵贱之分，只有分工不同，你应该做好学生的公仆，而不是部分同学为我们服务。这样无形中，我们就成了一个剥削者、压迫者，也就失去了班干部的本色。"说着，说着，丽丽哭着说："老师，您别说了，以前我没有意识到自己问题的严重性，以为自己很有威严，当别人讨好我时，我很自豪。没想到，这时，我已经不再是一个合格的班干部了。"彭老师及时说："丽丽，明天学校要举办一个'公正'小干部、'公仆'小干部的竞赛，希望你能积极组织好这次活动，有信心吗？"丽丽点了点头。

一个月过去了，丽丽发生了很大的变化。现在的她经常给学困生补课,组织学生为贫困生捐款,每天率领值日生打扫好室内外卫生,能和所有的同学打成一片,能公正、合理地反映学生学习生活情况了。所以,学生对她的满意率达到94%,班级的班风也逐渐好了起来。

总之,在学校教育中,关于先进生的忧思录还有很多,这里仅举两个小例子以窥一斑。身为教书育人的教师,我们要常常呼唤对先进生的教育,把先进生的心理健康纳入意识日程,培养合格的21世纪的接班人,必须是以德育才,德育先行!

第四编

偏科生教育案例

学校开设的各门学科都是为了孩子的全面发展，经过科学论证和实践检验而设立的，偏废任何一门课程，犹如修建高楼大厦时地基缺了几样关键的东西，其后果是很严重的。

人对书籍的厌恶；这样就无法使人得到合理的教育所培养的那种自学能力，反而会使这种能力不断地退步。

——斯宾塞

鼓励是最好的恩赐

中学生在学习过程中普遍存在的偏科现象，这一直令家长头痛不已。补课、强化、作题等等方法用尽，依然成效甚微。实际上，每个孩子的个性特点不同，学习环境不同，学习方法不同，产生偏科的原因各不相同。余老师认为：只有对症下药，才能有效防止和根治。

一、偏科原因多种多样——各不相同

形成偏科的原因是多种多样的。由于初中生特定的心理、生理以及课程的特点，再加上受家长、老师、接触的媒体和书籍的影响，以及任课老师在学生心目中的威信等，学生就会对某一学科产生偏好或厌倦的心理，进而逐渐形成偏科现象。

有的学生从小就喜欢阅读,语言能力较强,加上小学时强化的写作训练,对语文情有独钟。有的同学头脑反应迅速,对理科问题解决起来轻松自如,对需要大量背诵、书写的文科则感到枯燥无味。还有的同学甚至由于对所教学科目的任课教师的态度,进而影响到听课态度,从而反映到学习上的偏科。特别是中考的指挥棒对学生学习科目的导向作用,对很多同学造成有意偏科,或是主动偏科。

偏科主要表现在学习态度上,有的同学对不感兴趣的科目,用在上边的时间不多,听讲不好,作业糊弄;而在感兴趣的科目上下的功夫多,进而造成不同科目成绩上的差异。还有的同学某个科目总是学不好,久而久之就对这个科目产生了恐惧心理和排斥心理,成绩也就越来越下降。而一旦学生出现了偏科,如果得不到正确的帮助和引导,往往会越是偏科,越容易走入厌烦该科的恶性循环。

二、帮助学生正确看待偏科——树立自信心

对学生的偏科,家长起着和老师同样或更重要的作用。学生偏科,家长应正确看待,家长必须针对孩子自身情况,和孩子一起分析偏科的原因。

很多专家告诫,要从大的方面引导,让学生认识到社会需要的是复合型人才,综合素质才是衡量学生的最佳尺度等等,其实这是站在成人的角度看问题。在实际操作中,往往是家长的一厢情愿。对于世界观正在形成的初中生,特别是初中低年级学生来说,说教往往收效甚微,如何从孩子的角度看问题才是

关键。

首先,不能让学生产生对偏科的认同心理。刚上初中的学生大多处在兴趣大于毅力的阶段。对自己在个别科目上存在的问题,不善于总结,长此以往,越积越多。班主任要注意观察学生,如果出现某科作业较慢,错误较多,马马虎虎,可能就是偏科的初始表现。再从学生的卷面分析,就可以判定是不是出现了暂时性偏科。班主任首先要帮学生找出原因,要注意和老师沟通,了解学生在该科的课堂情况,防止出现实质性偏科。

其次,班主任可以从学生喜欢的学科入手,让学生知道各门学科的关系,认清偏科的危害性,特别是对学习成绩的影响。这往往是学生最看重的。进而克服不喜欢学的偏科科目的畏难情绪。要让学生知道,自己的偏科是暂时性的,偏科不可怕,怕的是失去了学习这门学科的兴趣和自信心。

在此,要鼓励学生在弱势科目上的点滴进步,如课堂发言,读书笔记等等。引导学生主动去接触弱势学科,加强对弱势学科的日常学习。也可以从相关学科中找出突破点,进而带动弱势学科的提高。

三、偏科的几种表现及处理方法

对于假性或暂时性的偏科,第一种表现在一科突出,其他平平。对这种情况,要积极鼓励学生的优势科目,通过优势科目,树立信心,让学生认识到自己有学习好其他科目的能力,进而逐渐提高对偏科科目的兴趣。

第二种表现是文科或理科突出,另一方面较弱。这就要针对较弱的科目加强学习方法和学习兴趣的研究。对于文科，首先从语文入手，让学生有充分的时间阅读，培养对语文的兴趣，进而喜欢写作。读得多了，知识面就宽，写作时才有话可说。对于数学不好的学生要把补充基础作为重点，牢牢掌握基础知识，在确保自己对简单的题目完全掌握后，逐步提高难度。

第三种是一科较弱，其他都较强。这相对容易解决。要注意不能盲目对学生的弱势学科进行补习，过多的补习可能会加强孩子对该科的厌烦情绪。特别是大班的补习，针对性不强，可能效果并不佳。重要的是对于弱势学科，养成良好的学习习惯，培养兴趣。可以针对这一科目制定可行的计划，不要急于求成。用一年的时间逐步提高。

另外，对已偏科的初二、初三学生，这时候的偏科，往往是顽固性的或实质性的。由于有中考的淘汰限制，好的科目再想得到更高分，难上加难，而如果能在弱势科目中，增强知识的理解，往往产生事半功倍的效果。正所谓越是落后的就越是潜力巨大的。对于弱势学科，一定要加强基础，保证自己已会已懂题型的得分率。要加强应试能力的训练，找准考点及得分技巧。特别是对弱势科目的最薄弱环节的突破，往往带来单科成绩的突飞猛进，进而提高整体成绩。

典例介绍

余老师被称为是全校最有风度的班主任兼语文老师，其最大的特点就是在转化偏科生教育方面有自己独到的见解、经验和方法。他给许多学生都留下了很深刻的印象，也因此成为学生们难以忘怀的老师。

余老师轮廓分明的脸上总是挂着从容的微笑，举手投足间充满着自信与潇洒。最吸引人的还是余老师大气的讲课风格和抑扬顿挫的磁性声调。高中三年，听余老师的语文课是小红心灵最大的享受，余老师优美的言语、渊博的学识、深刻的思想以及适时发挥的小幽默，常令全班如痴如醉，那感觉仿佛躺在云朵上沐浴着阳光一般，有一种特有的温暖。

如果说余老师思想的火花和独特的个人魅力给小红留下了深刻的印象，那么余老师给予小红的鼓励和肯定则是小红一生都难以忘怀的感激。

小红是一个典型的偏科生，只要与理有关的学科都不开窍。上了高中之后，这种情况愈加明显，在那个以排名次、论地位的“火箭班”里，小红处在灰色的最易被老师遗忘的地带。

不过，现在想来，小红感到自己还是幸运的，至少自己的语文成绩是全年级出类拔萃的，至少自己的作文经常被当作范文在全年级朗读。余老师在了解这些情况后，给与小红指导建议，并且在余老师的检查督促下，小红的理科成绩比初中阶段有了明显的提高，至高考时，达到了预期的目的。如果没有遇见余老师，一位真正关心小红、鼓励小红，愿意给小红机会的老师，那么，小红的高中生活恐怕是没有一抹亮色的。

播种行为，可以收获习惯；播种习惯，可以收获性格；播种性格，可以收获命运。

——萨克雷

高度是由“瘸腿”决定的

面对众多初中学习的成功者沦为高中学习的失败者，辛老师对他们的学习状态进行了研究、调查，发现造成成绩滑坡的主要原因有以下几个方面。

一、被动学习

许多同学进入高中后，还像初中那样，有很强的依赖心理，跟随老师惯性运转，没有掌握学习主动权。表现在不定计划，坐等上课，课前没有预习，对老师要上课的内容不了解，上课忙于记笔记，没听到“门道”，没有真正理解所学内容。

二、学不得法

老师上课一般都要讲清知识的来龙去脉，剖析概念的内涵，分析重点难点，突出思想方法。而一部分同学上课没能专心听课，对要点没听到或听不全，笔记记了一大本，问题也有一大堆，课后不能及时巩固、总结，寻找知识间的联系，只是赶做作业，乱套题型，对概念、法则、公式、定理一知半解，机械模仿，死记硬背。也有的晚上加班加点，白天无精打采，或是上课根本不听，自己另搞一套，结果是事倍功半，收效甚微。

三、不重视基础

一些“自我感觉良好”的同学，常轻视基本知识、基本技能和基本方法的学习与训练，经常是知道怎么做就行了，而不去认真演算书写；但对难题很感兴趣，以显示自己的“水平”，好高骛远，重“量”轻“质”，陷入题海，到正规作业或考试中不是演算出错就是中途“卡壳”。

四、横向联系不够

高中与初中相比，知识的深度、广度和能力的要求都是一次飞跃，这就要求必须掌握基础知识与技能为进一步学习做好准备。高中学习很多地方难度大、方法新、分析能力要求高。如二次函数在闭区间上的最值问题，函数值域的求法、实根分布与参变量方程，三角公式的变形与灵活运用，空间概念的形成，排列组合应用题及实际应用问题等。客观上这些观点就是分化点，有的内容还是高中教材都不讲的脱节内容，如不采取补救措施，查缺补漏，分化是不可避免的。

五、备考工作不细致

备考动员必须做，而且要巧妙生动地做！考试前学生产生了厌倦、松懈的情绪，这不是正常现象，必须纠正，否则对考试极为不利，恐怕还会影响他们的一生。对此我们决不可掉以轻心。怎样对待学习，怎样迎接考试，怎样鼓舞士气，激励学生勇敢地攀上高峰，这也是班主任的一项任务。我们要精心思考，准确抓住学生的心理，出色地完成这项任务。

典例介绍

小露和小红是两位高三学生，她俩一起来向班主任辛老师咨询，希望辛老师能够帮她们制定一个有效的复习备考方案。辛老师首先向她们了解了一下学习的基本情况，发现她们有一个共同问题，那就是偏科。其中一个在英语方面严重偏科，另外一个在物理方面严重偏科，每次的考分都在及格线以下。而且，在和她们沟通的时候，辛老师发现了她们的一个严重误解。她们都认为自己对偏科的课程没有兴趣，于是，两人决定在自己其他擅长的学科上多下功夫，用擅长学科来拉偏科的分数。

其实，这是一个很大的错误，辛老师给她们举了个简单的例子。一个瘸腿的人，有一条好腿，一条瘸腿，他的身体实际高度是由哪条腿的高度决定的呢？显然，是由瘸腿决定的。那条好腿即使再长，也无法从根本上提升他的实际高度。这和常说的“木桶原理”类似，桶的容量是由最短的那块木板高度决定的，所以，要提高你的最终学习成绩，一定要解决偏科问题。

那么，如何分析自己的偏科问题？如何解决偏科问题呢？辛老师做一个简单的说明。

首先，要根据自己以往的考试情况，对比各科成绩，对最差的两门课进行统计，如果每次都是这两门课，或者基本都是这两门课，那么，就把这两门课作为偏科来重点对待。

其次，产生偏科的问题有很多，较常见的有：基础薄弱、缺乏兴趣、与任课老师有矛盾等，另外，还有一些方法问题，例如：对这门课的特点不了解，缺乏框架感、层次感、逻辑感，没有找到适合自己、适合这门课的学习方法等。

辛老师给她们俩列举了上一届中考两名学生留下一些遗憾的例子。当时这两名学生的竞赛成绩极棒，都曾在全省数、理、化联赛中荣获三枚金牌。平时，两名学生的总分总是遥遥领先，被老师们一致看好。但中考成绩下来，这两名学生的位置排在全校第十名左右。令老师们大跌眼镜。而其他学校也不乏这样的例子。

辛老师们认为，偏科是这些学生失利的主因。他们对某一学科感兴趣或过分看重竞赛，而忽视了其他科目的发展。所以他们的“第一名”并非真正意义上的第一名。

小露和小红认识到问题的严重性，在辛老师的指导下改变了学习方式。

“从来没想过自己居然考了全校第二名！”中考成绩

下来后小露高兴地对辛老师说。因为她的成绩在班上也就是第十名左右。这次中考成绩下来,小露的父母高兴得合不拢嘴,连连感谢老师。

中考成绩揭晓当天,大家发现辛老师班上的学生很少有偏科现象,有的学生平时考试在年级的排名在百名之外的居然也进了前十名。这些学生中考成绩出色并非偶然,而是因为在辛老师的知道下,没有偏科,各科基础打得好。

中考,让成绩中等但发展均衡的学生打了场漂亮的翻身仗,也给在读的初中生们极大的鼓舞和警醒,那就是——全面发展。

辛老师对即将进入高中的学生说:“要注重运用各科书本知识解决实际问题的能力,偏科的学生应警觉起来,加强对薄弱学科的学习,才能适应未来高考的需要。”

精神的浩瀚，想象的活跃，心灵的勤奋，就是天才。

——狄德罗

找准“敌人”，逐个击破

在高中阶段，学生常常表现出非常明显的偏科现象。处于这个年龄层次的学生们，有了自己的思想、行为，也因为如此，不少学生开始发展自己的兴趣，朝着自己所喜爱的方面发展，而忽视了其他许多重要的东西，偏科也许就由此而来。特别是不少男同学，将其聪明才智在数、理、化等学科上发挥得淋漓尽致，却对文科的内容不背不记，造成重理轻文的偏科现象。相反，也有一部分女同学勤快却不善于动脑，也造成了重文轻理的偏科现象。

偏科，是指学生在学习过程中重视对某些学科（或某一学科）的学习，不重视甚至放弃某些学科（或某一学科）学习的现象。由于受升学考试等因素的影响，现在的偏科现象较为普遍，中学生尤其突出，如重理轻文或重文轻理等。改变学生的偏科现象，是实现从应试教育向素质教育转变的需要。

一、偏科的表现与危害

学生表现很明显的是忽视非考试学科。很多老师反应地理、生物课不好上，学生兴趣不大，然而这两门课都与我们的生活相关。学生不感兴趣的根本原因是这两门课不是考试科目。其次，重视感兴趣的学科，轻视或不学讨厌的学科。如某个学生不喜欢语文，喜欢数学，原因是语文老师总是批评他，他对语文和语文老师越来越没兴趣了，但数学老师则不然，他有一定进步，老师就给他鼓动和表扬，于是他越学越有劲。

偏科的危害是显而易见的，一是在知识上产生缺陷，在学科方面出现“跛腿”现象。如有的学生不学语文，以后在工作中连一个招牌都不会写，也写不出。二是影响其他学科的学习。因为各门学科是相互联系的，缺一门就会觉得不协调。正如人缺一只手或一条腿一样，你就会觉得很多不便。

二、偏科的原因

1. 对某一学科不感兴趣。

2. 不好学，难学。

3. 对某学科老师不满。

三、如何纠正偏科现象

要改变学生学习中的偏科现象需多方努力，那么，当学生出现偏科现象时，应怎么办呢？

(一)要教育学生尊重各科知识,尊重各科任课教师

针对偏科现象,班主任要讲清其危害,要教育本班学生,使他们认识到学校开设的所有课程,是国家教委根据我国的教育方针,考虑到学生身心发展的特点、教育教学规律和德、智、体全面发展的需要而设置的。设置课程所含知识对每个学生来说,都是应该掌握的最基础最必要的知识,是一个人全面发展、成为合格人才所需要的基础知识。

任课教师也是根据教学大纲要求来传授知识的,只有学好各门课程知识,才能为将来投身现代化建设奠定坚实的基础,相信学生是容易接受的。为了更有效地教育学生,作为班主任,在同学生的日常接触中,千万不可流露出"某科重要,某科不重要"的思想意识。在平时班级开展的各项活动中,要尽可能邀请任课教师参加,这是对学生进行教育的好方式。

(二)要向孩子阐明偏科的危害,培养正确的学习动机

中小学阶段,属于基础教育阶段,是为孩子日后成才打下坚实基础的阶段。各年级开设的各门学科都是为了孩子的全面发展、经过科学论证和实践检验而设立的,偏废任何一门课程,犹如修建高楼大厦时地基缺了几样关键的东西,其后果是很严重的。

而且,要让孩子认识到,要学好数理化,没有坚实的语文功底是不行的,没有结实的身体是不行的,没有艺术细胞和丰富的想象力是不行的。各学科之间是相互联系、相互渗透的。

由于学生偏科现象的存在,导致了眼下许多学生会说 ABC,

会解 XYZ，但却写不出一篇像样的文章来，甚至给老师写假条都有错别字、用错标点符号、不懂格式——这些人不得不回头再学中学语文。事实证明，许多优秀的科学家，除了具有广博的专业知识以外，还有相当高的文学修养、艺术修养。

（三）同任课教师密切配合，及时纠正学生中的偏科倾向

任课教师往往对学生的学习情况较为了解，班主任要经常征求任课教师的意见，询问学生的学习情况。如发现学生出现了偏科现象，要及时同任课教师配合，针对学生的实际，采取相应对策。可通过个别谈话、家庭访问等方式，必要时还可争取学校领导的支持，给有的学科开展一些学生喜闻乐见的活动，如学科竞赛、举办讲座、请有关专家或学者作报告、结合学科内容进行参观访问等，激发学生的求知欲和学习兴趣，及时纠正偏科倾向。如果学生偏科现象没有得到及时纠正，偏之太远，以后将很难补救，因此，纠正偏科现象一定要及时。

（四）深入学生实际，倾听学生对各课程教和学的意见

如果偏科是由于学生认识上的错误而导致的，班主任要及时给予说服教育；如果偏科是由于任课教师教学上的问题，班主任可直接地或间接地将学生意见反馈给任课教师，使所有学生都喜欢上学这门课程。

（五）培养兴趣

家长可以与孩子一起分析孩子优势科目的学习经验和造成偏科的原因，鼓励孩子有意识地把经验用到改善薄弱科目的兴

趣中来，让他体会到学科之间的相通性。指导孩子制定旨在提高薄弱科目的学习计划，如有必要和条件，可以请家庭教师给予专门辅导，但注意不能加重孩子的学习负担。

（六）激发孩子对“非优势学科”的兴趣

如孩子在理科学习方面取得了成绩，而文科不足，此时可鼓励孩子：“你数学学得这么好，语言能不能也学得这么好呢？试试看。”家长平时也可和孩子分析某一篇课文的写作特点，甚至也可“请教”孩子一些语文方面的问题。许多孩子语文不好主要表现在写作不好，此时家长可鼓励孩子写日记，模仿一些名篇文章的布局、结构。购买一些文学名著，订阅一定数量的文学报刊、杂志，鼓励孩子向报社、杂志社投稿，参加一些写作比赛，逐渐提高孩子学习语文的兴趣。

典例介绍

小李在程老师班里有“理科小王子”之称，不过，他还有另外的一个绰号，叫“英语小跛子”，足见他是个不折不扣的偏科生。

有时候小李愤愤地说：“这完全是智商问题，做数学物理，我就是有兴趣、有动力去探究问题。但是要我背单词、练听力，我再怎么强迫自己，效果也不大。最害怕的是英语老师的提问，因为我总回答不正确。”小李认为，每个人多多少少都有偏科的情况，应该鼓励学生发展自己的特长，那些怎么学也学不好的科目，干脆别学。他最认同的是韩寒的一句话：“应试教育培养出来的是全面的平庸。”可牢骚归牢骚，高考可是不能马虎的，英语也是无法

忽视的。小李给自己定的目标是哈尔滨工业大学，这可是全国重点，要是英语成绩差了，怎么考得上？

针对这种情况，程老师认为：对于偏科生来说，首先要树立信心，减少因偏科带来的心理压力，克服对较弱科目的恐惧，养成主动学习的习惯。有人说偏科就是"木桶原理"，于是有不少同学天天盯着这块"短板"惶惶不可终日。但其实这个比喻并不恰当，因为学生们手头的优势科目并不会像木桶里的"长板"那样没有作为，它们也是总分的重要组成部分。所以程老师觉得要做的最重要的事情，就是保持住学生的优势，做到万无一失，只有这样才能让学生立于不败之地，因为如果偏科生连原有的阵地都失去了，那后果将是不堪设想的。

在巩固阵地的同时，程老师让每位学生合理使用复习方法，优化各个学科的复习时间。倘若理科强文科弱，那么可采用每天做适量练习题的办法来保持解题状态，不必再大量操练，以节省时间多背单词、词组、语法以及语文名句，多做古文阅读，提高这种长线科目当中能够相对快速见效的题型的水平。如果是文科强理科弱，那么在冲刺阶段更应注意对文科知识结构系统的梳理，保持稳定性。对理科的攻坚切记不可盲目多做题，这样反而会导致知识系统的混乱。偏科生可多做些典型题型，牢固掌握学科知识的规律和原理，把主干摸清摸熟，从对知识"点"、"线"的巩固拓展到"面"，那么在遇到较新较灵活的题目时才可以触类旁通、举一反三，而不是手忙脚乱、心惊胆战。

因此，进入高三后，程老师利用课余时间给小李补习英语。程老师为他制定的复习计划是：每次补习只抓两个知识点，要求小李在补习之前把自己从前与之相关的错题找出来，再好好想想错的原因，现在做这题目还会不会出错？用老师的话说，这叫“找准敌人，逐个击破”。经过一段时间的补习后，小李的英语成绩有了很大的提高！

第五编

贫困生教育案例

班主任是班集体的组织者、教育者和引导者，日常工作琐碎、繁杂，面对有些家庭条件贫困的学生，班主任需要倾注更多的精力和心血。只有全身心地去爱每一位学生，真心实意地为学生着想，才能拉近与学生的距离，学生才会相信你。

如果有人问我，教育孩子需要哪一种资格，我会说那需要异乎寻常的耐心和适量的爱心。

——伊罗丝

做一片默默奉献的绿叶

“花的事业是甜蜜的，果的事业是珍贵的，让我干叶的事业吧，因为她总是谦逊地垂着它的绿荫的。”在二十年的班主任工作生涯中，赵老师一直用泰戈尔的这句名言来勉励和激发自己对工作真挚的热爱和对事业不懈的追求。

一、做一片默默奉献的绿叶

自1984年参加工作以来，赵老师长期担任班主任，对工作始终充满了夏天一样的热情，对孩子们充满了春天般的温暖，在平凡而艰辛的工作岗位上，忠于职守，尽心尽责，关爱每个学生，鼓励学生全面发展，重视学生个性培养，送出了一届又一届“全面加特长”的优秀学生。赵老师所带的班级，团结文明，充满了朝气和活力,多次被评为良好班集体和先进班级。她本人也获得了诸多的荣誉,先后被评为市“轻负高质”典型教师、市语文学科骨干教师、市优秀教师、市优秀班主任等。

二、学校管理和自我管理相结合

在班级管理中,赵老师将现代教育管理与班级情况、学生实际有机融合起来。坚持目标管理与过程管理相结合,指导学生根据实际提出班级目标、个人目标,依据校纪校规制订班级管理制度,采取制度管理与思想教育相结合。制度制订细致,岗位责任落实到人。班中实行的值日班长轮流制、班干部轮换制、专项任务职责制、班级用品承包制得到了学校领导和老师们的充分肯定,有的还在年级和校内推广;设置的“班长日记”、“学生行为规范量化评分表”等使学生由被动地接受制度逐步转化为主动地遵守制度,自觉地维护制度,养成遵章守纪的良好习惯。因此,她所带的班级有着“敬、静、净、竞”的良好班风和学风。多年来,赵老师十分注重培养学生的自我管理和求异创新的能力,每周的班队课,她从不轻易占用或者取消。采取中低年级扶,高年级放的策略,收到了意想不到的效果。

三、注重学生良好习惯的培养

赵老师一直非常注重学生良好习惯的培养,并以此勉励和激发自己对工作的真挚热爱和对事业不懈的追求。她为此设计了各种活动,其各个环节新意十足。如:收集废品,培养学生勤俭节约的意识;学烧茶叶蛋,使学生尝到了劳动的艰辛;义卖活动,让他们品味到奉献的快乐……原本一个简单的活动,被赵老师延展成新颖的、立体的、全员参与并体验的班级活动，受到了家长和学生的普遍欢迎。

高年级段的班队活动采取“招标制”的方法，让每个同学单独或与他人合作，设计好活动方案，经过评议，筛选出优秀方案。如果所设计的方案中标就由设计者单独主持或邀请嘉宾共同主持，这样不仅改变了传统班队课单调乏味的毛病，而且极大地调动了学生创新探索的积极性，成了学生展示自己组织、主持能力的崭新天地。

四、创造良好的文化学习氛围

赵老师深知环境对学生思想道德建设有着不可低估的作用，于是她就运用学生争强好胜、喜欢自我表现、渴望得到肯定等心理特点，在教室环境布置上想方设法，匠心独运，为学生开辟充分展示自我的第二舞台，全方位对学生进行潜移默化的“精神充电”和环境熏陶，如开辟“小荷尖尖，芳草青青”栏目、设置“星光灿灿”争星榜、展示“瞧，他们真棒”特长台等，黑板报与各块专版的设计统一风格，浑然一体，让全班学生在这充满激励、引导上进、文明和谐的环境中健康成长，不断激发他们强劲的学习动力和超越自我的奋发精神。

五、培养全面发展的复合型人才

一个学生，对于班级来说可能是几十分之一，但对于每一个家庭来说，那就是全部。赵老师在班主任工作中关心每个学生的健康成长，注重学生的全面发展，她常说：“一花独放不是春，万紫千红春满园”。

赵老师在科学治班过程中，十分重视学生全面素质的提高。她常与各任科老师联系，了解各科要求，积极配合各任课老师保质保量地完成教学任务。为准备达标运动会，她制订学生达标训练卡，每天花时间陪学生训练或测试成绩；她坚持让学生每天练字，让学生反复临摹优秀书法作品，大面积提高学生书写水平；她所带的班级往往人才济济，在校独唱、独舞、独奏、班级小合奏、大地书画、手抄报等各项比赛中均获佳绩，教室墙壁上各类奖状琳琅满目，展示了班级的整体素质和蓬勃向上的风采。

六、在不断的学习和实践中总结提高

教育，是一门科学，更是一门艺术；教育，需要不断实践，更需要理论的指导。为了不断提高班主任工作水平，赵老师常常向教育专家请教，向经验丰富的老教师取经，与办公室的同事们探讨，从中受到启迪，更好地指导自己的教育实践。

在不断学习和实践中，赵老师常常在思索工作中的点滴收获，在探索班主任工作新途径新方法的同时，给每个学生设计了独特的成功方案。她撰写的《架起心灵沟通的桥梁——回家作业本的妙用》一文刊登在《校家桥》上，其他老师都纷纷仿效。目前，该校各个班的学生都有一本家校联系册。

通过对教育科学的研究，更好地促进了她对实践的探索和理论的学习。理论指导实践，实践推动探求，探求丰富理论，赵老师的班主任工作正在向着一个更高的层次攀登。

典例介绍

赵老师满腔热情地对待每一个学生，为每个学生的发展提供最优质的教育服务，她

特别关注"学困生"、"德困生"的学习、生活和思想，认为只有做好关心爱护贫困学生的工作，才能使他们努力地投入学习，自信地面对生活。

班中小炀同学家境贫困，父亲因车祸过早地离开了人世，妈妈在一家餐饮店工作，月收入800元左右。一家三口（还有一位姐姐正读高职）全靠妈妈微薄的工资生活。赵老师接班后一了解情况，马上与教数学的张老师一起去家访，为他送去学习用品，辅导他当天的作业。回校后还替他向学校申请"特困生"，为他减免所有学习费用。以后每年寒假前，她常常买些棉毛衫裤等生活学习用品带领几个班干部去看望他。

小炀同学因为学习基础不好，家里又无人指导，成绩较差。赵老师就把他列为自己的帮扶对象（学校有个传统，每位教师要结对帮扶一位德困生或学困生，党员教师两位），她经常利用课余时间为他补课，还教育同学也关心他，帮助他，使小炀同学对自己充满了信心，学习成绩由原来的不合格上升到良，有时，还能考出优的好成绩。一次，这个不善言谈的孩子在日记中写到："赵老师，是您救活了我这棵将要枯萎的花。"

小伟家中比较贫穷，父母亲都在外地打工，养成了我行我素难以管理的坏习惯，是一个曾经全校闻名的德困生。

赵老师刚接手班级的时候，正是小伟患抽动症最严重的时候，表现出故意挑起事端找同学打斗，不做作业，谩骂、对抗任课老师。赵老师明白，与其一味地对他批评和惩罚，不如待以宽容和赏识，尝试着让他为大家服务。于是大胆地任命他为卫生委员、语文课代表，既牵涉他过盛的精力，也为在众人面前赞赏他积累了素材。同时，经常找他谈心、上门家访，当他出现错误时，单独与之交流，帮助他学会反思。还根据医生要求，不辞辛苦地记录其日常在校表现，配合进行药物治疗。

后来，小伟不但不偷不闹，还能认真完成作业，几年中几乎没有成绩的他，在期末语文素质抽测中居然成绩合格。全校老师都为之惊叹，纷纷说是赵老师的鼓励和赏识、约束和引导，使这个几乎没有希望的学生重新回到了健康发展的轨道。

班主任是班集体的组织者、教育者和引导者，日常工作琐碎、繁杂，特别是面对一群还不太懂事的孩子，需要倾注更多的精力和心血。为了带好一个班级，赵老师常常起早贪黑"为伊消得人憔悴"，废寝忘食，殚精竭虑，在探索科学的管理方法上下功夫，在设计丰富的激励机制上动脑筋，她的班主任工作经验多次成为全校班主任行之有效的好举措。

先生不应该专教书；他的责任是教人做人。学生不应当专读书；他的责任是学习人生之道。

——陶行知

一个也不能落下

徐老师自1989年从师范大学中文系毕业分配到学校任教。这些年一直担任高年级的班主任工作。期间有三届是从起始年级带起，三届是带复习班，但无论是哪一届的班级，在他的努力下均成了校级或县级的先进班集体，班风正，学风好，成绩优异。

例如：1995届徐老师所授语文学科高考理科人均分名列普通中学第一名，1998届文科应届班高考升学率全县第一，2005届理科应届班高考升学率78%，所授语文学科人均分和单科全县都名列第一。他个人曾多次被评为先进工作者，优秀班主任。徐老师任班主任的班级，学生愿进，任课老师愿教，学校领导放心，他以自己对工作的责任心、诚心、爱心、细心、耐心，赢得了人们的好评。

一、班主任必须要有责任心

要搞好班级工作，班主任首先必须有强烈的责任心。徐老师始终严格要求自己，努力要求自己把班级管理工作做得最好，力求完美。常言道：没有规矩不成方圆。班级管理应从建立健全各项规章制度入手，强化常规管理。而抓班级常规管理必须做到一个严字。

十几年来，他每接一届新班，第一节课便宣布他的治班“方针”，然后带领学生学习《中学生日常行为规范》等校规校纪，并及时建立班规班纪，各项规章制度都要求学生严格遵守。

如高一学生的卫生习惯较差，吃零食、乱扔纸屑、清洁工作不彻底等等现象时有发生。他就指导班级制定《卫生公约》，仔细规定卫生清洁工作的奖惩办法，由班主任、卫生委员、值周班干部督促检查，以体现对学生的严格管理，使之养成遵守卫生纪律的良好行为习惯。

二、班主任必须要有耐心

做班主任，尤其是做高中年级的班主任，还一定要有教育的耐心。高中学生生理和心理还没有完全成熟，其可塑性强，因此反复性也大，容易重犯错误。

徐老师在工作中运用反复教育法，坚持“抓反复，反复抓”。对在学习或纪律上重犯错误的学生，克服“恨铁不成钢”急躁心理和情绪，而是持之以恒，不断坚持“把铁炼成钢”的毅力。他刚接 2002 届学生没几天，就发现班级中有一个男学生不交任何学科作业。他把学生叫到办公室谈话，没想到问了半天，那男学生只回答了三个字“不知道”。他就找这学生初中的同学了解情况,原来这个学生智力正常但特别懒,从初中时就赖作业,久而久之老师失去了耐性,他也就成了学校里不用交作业的特殊学生。于是徐老师对症下药,先从学校里的课堂作业入手,起先让这个学生每次作业到办公室来做,或是课堂上做后交到他的办公室里,再转交任课老师。一段时间下来,这个学生也觉得自己并不“特殊”,就自然而然交作业,徐老师对他的进步给与了公开表扬。但由于习惯,这个学生回家作业还是丢三落四,徐老师就多次家访联系家长,使他们也重新树立了对孩子的信心,用作业记录本的形式家、校双向督促。整整两个学期,这个学生的作业问题终于解决了,三年后的高考他也升入了理想的学校,家长感激地说:“多亏徐老师的耐心,否则这个孩子算完了。”

三、班主任必须要有爱心

老师的言行关心,能极大地促进学生的发展。徐老师除了在举手投足间让学生感受到自己对他们的喜爱关心以外,还充分利用日记本——细致批阅学生的日记,细心分析日记的内容。他经常在学生的本子上写下表扬和鼓励的话语,尽量让学生感到这是老师对他一个人的特别关心和信任。而对于部分有缺点错误的同学,他也总是在本子上写下他的期望,尽量避免令人难堪的当众批评,尤其对自尊心强的同学。他在写批语时,总是认真投入,以笔交心,一旦发现问题,及时做深入细致的了解,并尽己所能为学生排忧解难。人际交往的融洽、和谐是以真诚为前提的。以心换心,以理解为桥梁,人与人之间便能得到思想感情上的沟通,他做到了。

徐老师常说："我这个人个性倔强，事情要么不做，做了就要做最好。"正是这种强烈的工作责任心驱使他在这十多年的班主任工作中，能始终坚持学习现代教育理论，摸索班级管理的科学方法，以自己的诚心、爱心、细心、耐心引导学生不断进步，为教育事业的发展增砖添瓦。

典例介绍

学生小萍父母年已六旬，且父亲长年卧病在床，家里缺少劳动力，生活十分困难。该生曾想退学回家，学习成绩一度滑坡。徐老师看在眼里，急在心上，决心要帮助他。他多次找到小萍谈心，一方面鼓励他要勇于逆境成才，一方面拿出了自己的工资，为她代交部分学杂费，有时还送给她一些学习用品和书籍。小萍被徐老师的行为感动了，于是她发愤读书，高考以优异的成绩考入了某重点大学。后来小萍在给徐老师的信中说："敬爱的徐老师：没有您，我就没有今天，我将终生感激您！"

十几年来，受到徐老师资助而完成学业的学生有几十人，他为资助学生，先后拿出了几千元。在平时的工作中，徐老师能做到始终把自己当作班集体普通的一员，严格遵守班规班纪。班主任自身的榜样示范，对学生有着极强的说服力、感染力。

班主任还要全身心地热爱每一个学生。要做到以诚心对待学生，以爱心感化学生。一个班有几十个学生，每个学生又都有自己的个性特征，作为班主任，徐老师善于多渠道了解他们的各方面资料和情况，捕捉学生的闪光点，无论那个学生表现有多差，徐老师都不放弃，仍然无微不至地关心他，找出问题的原因，引导学生走向进步。

苏霍姆林斯基说："好的孩子人人爱，爱不好的孩子才是真正的爱。"徐老师热爱学生，不以衣食容貌、家庭情况、家长地位看待学生，不以学习成绩、思想品德优劣为转移。学生不论是男是女，是俊是丑，是倔强是温顺，是开朗是内向，是健康活泼还是体质羸弱、生理缺陷等都一视同仁。十几年的班主任教学工作中，徐老师始终坚持热爱学生，诚心对待学生。他曾多次赶到医院看望生病的学生，曾慷慨解囊帮助贫困的学生。

贫困生小叶父母在不到三个月的时间相继去世，只剩下兄妹二人孤苦无靠，徐老师不仅及时做好安抚工作，还带头并发动全校师生捐款资助该生完成高中学业，致使小叶同学当年考上重点大学。

2005 届的学生小汪，父子二人相依为命，且父亲有间歇性精神病，家庭没有稳定收入，小汪的学费都成问题。于是徐老师多次为他垫付其学费和生活费，使该生当年高考成绩达到了重点学校的分数线。

1999 年 12 月的一天深夜，某学生突发胆道蛔虫病，痛得直冒汗。他知道了这件事，马上带上钱，找了几个学生就把该同学背到医院，找医生、打针、缴费，忙了一个通宵。医生和护士都说："有这样的好班主任真是学生的福气。"

先相信你自己，然后别人才会相信你。

——屠格涅夫

心理问题尤其重要

我国实施“希望工程”以来，尤其是随着以胡锦涛同志为首的党中央新的领导集体对“三农’问题的高度重视和所采取的强有力措施，广大农村中小学的大批贫困学生得到了及时的救助，他们重返校园，完成学业，有的还考上了大学，实现了梦寐以求的理想。然而，就在全社会关心、关怀贫困生物质困难的同时，近年来一种新的“贫困现象”又悄然而生——一些贫困生在承受经济压力的同时又面临着“心理贫困”的危机。

针对这一新问题，王老师指出，社会在帮助贫困生解决经济压力的同时，也要给予他们更多的人文关怀。王老师从教工作二十多个春秋，在这二十多年里，每年都担任班主任工作，与同学的接触时间非常多，对同学们的家庭状况了如指掌。对于贫困生，他们是在物质上还是精神上遇到困难，王老师就给与他们支持和帮助，帮他们度过困难时期。但是有些学生因为自己的贫困出身而自卑、痛苦，他们对自己没有信心，总觉得自己低人一等，常常自惭形秽，郁郁寡欢。不少人因害怕被别人看不起而自我封闭，不与同学交流，不参加集体活动，顾影自怜。他们不愿承认自己的贫困，因此一次次失去受帮助的机会，即使得到别人的资助，也会深深内疚、自责，甚至还有一些同学为自己是贫困生而羞耻，进而生怨，从怨恨父母、怨恨家庭，发展到怨恨他人。

贫困生出现心理障碍原因何在？王老师分析认为，主要有三方面的原因：

一是不少贫困生来自农村，文化环境和教育条件相对落后，很多乡村中小学音乐、美术、体育课都不能充分开展起来，外语、计算机等课程学习条件也较差，素质教育在这些学校中往往只是一句空话，因而导致学生综合素质较差，个性缺乏充分发展。

二是社会文化的不良因素加剧了贫困生的心理困扰。在市场经济大潮的冲击下，社会文化在一些人的心目中被演化成一种以金钱为唯一目标的亚文化，人际关系变得势利和冷漠，加剧了贫困生对金钱的渴望，更加看重物质利益的作用，导致心理失衡。一旦别人讥笑自己穿戴不时髦、经济不宽裕，贫困生就很容易产生自卑感和焦虑感。

三是社会上一些善意的动机实施不当也无意中加大了贫困生的心理压力。如各种资助工作，本来是件好事，但是由于宣传不够或者教育滞后，使一些学生虽然物质上得到了资助，但精神上却遭受了挫伤，感到是在接受“施舍”，挫伤了自尊心，从而加重了自卑心理。

贫困生心理危机究竟能不能化解，又该怎样化解？王老师认为，班主任在帮助贫困生解决经济困难的同时，也应以同样高度的责任感去帮助这些同学树立正确的人生观、价值观，远离心理危机。

首先要全面准确掌握这些学生的各方面情况。学生进校后，应对其尽快进行心理普查，建立心理档案。在此基础上，对有自卑、自我封闭、自暴自弃等心理倾向的同学进行个别交流，予以特别关注。

其次应点面结合，有针对性地进行教育引导。通过专题讲座、主题班会、小型讨论会等形式进行传统道德教育、心理知识教育、典型案例教育，指导他们学会自我调适，帮助他们树立信心，战胜自我。

经常性地开展主题活动也是帮助这些贫困生打开心扉的好办法。例如近年来，一些学校在贫困生中开展了“受助者助人”、“爱心传递”等活动。号召他们资助自己周围的困难对象，组织他们到社会福利院、敬老院做些公益活动。通过这些活动，帮助贫困生认识到，自己已经得到资助，但还有一些与自己一样困难甚至比自己更困难的人没有得到资助，让他们通过公益活动在奉献社会中升华自己。同时班主任还应注意选拔贫困生的优秀代表，抓典型，树榜样，设立贫困学生奖励项目，表彰勤工助学先进个人，营造“贫寒中成长起来的优秀学生更光荣”的氛围。

尽管学校、老师、同学的关怀和帮助对消除贫困生心理障碍至关重要，但王老师同时指出，这些帮助只是打开这些同学封闭心扉的外力，真正远离、摆脱心理疾患关键还在个人。贫困学生必须认识到，坚韧的品质是用任何金钱也买不来的。穷，不是自身的弱点，也不是缺点。一个人要成才不仅要在文化知识、科学技术上成才，同时更要成为人格健全、富于理想、勇于创新的人才。

典例介绍

小锐是个内向的孩子，上课不敢举手发言，与同学、教师交往时总是怯生生的，参加活动也不积极。教师问他为什么，他想了半天，终于小声地说："我觉得什么都不如别人，别人都比我好。"

学习过心理学的王老师知道，小锐的症状是典型的自卑表现。小锐家在农村，父母都是普通的农民，全家人靠家里的三亩地过日子，经济条件很差。在这种环境中长大的小锐总感觉自己不如别人，什么都比别人差，做什么事都缺乏信心，担心做不好，怕被人耻笑；一旦学习成绩不好或下降，则处处贬低自己，孤立自己，不愿与人交往。小锐这样自卑的孩子在自我意识的形成阶段里，父母、教师等外部评价性质消极，致使孩子内心的自我评价看不到自己的闪光点，把自己的缺点无限扩大化，没有必要的自信。

了解小锐自卑的原因后，王老师首先对引起小锐自卑的原因加以消除和调整，鼓励小锐用一方面的优越来弥补另一方面的自卑。其次，帮助小锐全面认识自己，树立信心，相信自己的有点，接受自己的缺点。再次，经常的课堂上请小锐回答问题，主动参与课余活动，主动当众表演，锻炼其勇气。经过一段时间后，小锐终于对自己充满了信心。

第六编

富裕生教育案例

一个国家，一个民族什么时候都需要培养勤俭节约的精神。历史上无数的事实证明了先人的劝诫：“历览前贤国与家，成由勤俭败由奢。”对青少年进行勤俭节约教育是新时期班主任工作的一个挑战。

要记住，你不仅是教课的教师，也是学生的教育者，生活的导师和道德的引路人。

——苏霍姆林斯基

宽容可以化解心中的坚冰

优秀班主任翟老师，十分注重与学生们进行思想交流，他尊重学生，关爱学生，学生们都愿意把心里话告诉他，这使他在教育教学中更加有的放矢地开展工作。不少学生从小学毕业后，仍不断来信或是到学校找他谈心，把自己的苦恼、迷惘和喜悦向他一一诉说，这种信任感使翟老师觉得自己的人生价值得到了真正的体现。

翟老师认为：真挚的爱来自成功的教育。而教师首先应该是一个高尚的人，一个不思图报的人，一个抚慰灵魂的人，一个不与学生们计较恩怨的人。

翟老师经常问自己，当学生过度兴奋时，自己能否使他们归于平静？当学生精神萎靡时，自己能否使他们振作？当学生茫

然无绪时，自己能否给予他们启迪？当学生丧失信心时，自己能否唤起他们向上的力量？

教育是一种创造，需要教师用心来摸索；教育是一种幽默，需要教师心态平和；教育是一种科学，需要教师不断反思并勇于实践；教育是一种宽容，在愉悦氛围中长大的孩子，一定会有豁达的心胸，乐观的人生。

那么，教育到底是什么呢？翟老师千百次地问——教育是一种伟大的幸福！

翟老师曾经教过一位名叫小建的学生，这个学生比较顽劣，成绩很不好。

有一次，翟老师好心好意地留下小建想给他补补功课，可小建却认为老师是在有意地刁难他，竟乘人不注意，把翟老师自行车的气门芯给拔掉了。那时正值寒冬，给小建补完课后天已经黑了，翟老师到车棚推车时才发觉车胎瘪瘪的，只好推着车子步行回家。对于别人来说，步行回家也许算不了什么，可是对于腿有疾患的翟老师却是一个"大难题"。他踉踉跄跄地走着，心中充满了怒火和不解。好不容易推着车子回到家，他已累得大汗淋漓，装假肢的右腿也被磨破了，钻心地疼痛。倒在床上，他翻来覆去地睡不着，他在想：是不是我的教育方法有问题？是不是我的态度不太好？为什小建会如此叛逆呢？

第二天在课堂上，翟老师装作若无其事，还有意提问了小建一个问题。他注意到，小建的眼神中流露出了狐疑的目光，翟老师并没有找他算账。他的想法是："气门芯你拔了就拔了吧，我再买一个，你毕竟是个孩子啊。”

两天后，翟老师骑车子去学校，看到路旁有不少人正在围观。人群中一个中年妇女抓着一个小男孩，正气势汹汹地斥责着他。那个小男孩正是让翟老师头疼的小建。只见小建手足无措地站在那里，任凭那个妇女训斥。原来小建与其他几个学生在街上打闹，一不留神把人家正在卖的鸡蛋踩碎了十来个。翟老师知道原因后拨开人群，对那位妇女说：“真的很对不起，我是这孩子的老师，小孩子不懂事，踩坏了您多少个鸡蛋，我来赔吧。”说着赶忙把钱付给了那位妇女。此时，他看到小建向他投来感激的目光。第二天，翟老师的抽屉里多了一叠钱，全是新的，并用一张纸包着，上面歪歪扭扭地写道：“翟老师，谢谢您，还您的钱了”。翟老师开心地笑了，这个小家伙还是挺懂事的嘛！

此后，在课堂上，小建比以前安静了许多，成绩也有所提高。但是，好景不长，小建很快就又有了反复。原来小建是一个木材加工厂老板的儿子，总有一种财大气粗的感觉，且受家庭的影响，他总认为读书好坏没有多大用，在课堂上时不时地违反纪律。翟老师找他谈心，告诉他，从事教育和接受教育都是一种伟大的幸福，而他却满不在乎，轻蔑地说：“学习有什么用？我爸爸一个月挣的钱是你的10倍，我们家有的是钱！”虽然怒火在心底里升腾，但翟老师在心理却对自己说：孩子是在错误中长大的，他们需要关爱，但更需要智慧的点拨与唤醒。于是他在纸上写下这样一行大大的字“离开了你爸爸，你长大了自己一个月能挣多少啊?”小建被这句话问得哑口无言,刚才那飞扬跋扈的神情一扫而光。翟老师深情地说:“老师把这张纸送给你,每天看一看吧。”学生接过纸,默然离去。望着他远去的背影,翟老师自言自语地说:“孩子,你能理解老师的一片苦心吗?”

这个学生接下来的表现让翟老师很是欣慰,想不到这个“激将法”竟起了作用,翟老师在教育日记里写下这样的感慨:真是一把钥匙开一把锁啊!

后来有一次,小建一连几天都没有来上学。翟老师正要准备去他家看一看,正巧小建的爷爷给他请病假来了。翟老师跟着小建的爷爷来到镇医院,小建正躺在床上输液,看到翟老师,挣扎着想起来,眼睛里闪现出泪花。“翟老师,对不起,上次您车子的气是我……我放的,那个气门芯还在我书包里。”小建呜呜的哭着说。翟老师笑着说:“那件事老师早就忘了,气门芯留给你做个纪念吧。”

事后证明,翟老师的宽容避免了一场可能发生的冲突,他的宽容换来了学生一颗自主上进的心。宽容可以化解心中的坚冰,爱的力量是伟大的,是无穷的。

一味地挖苦、贬低，会导致孩子的反抗，反对父母，反对学校，或者反对整个世界。

——布鲁诺

节约每一分钱，做勤俭节约的人

翻开灿烂的中华文明史，勤俭治国、勤俭持家的典范不胜枚举。我们今天谈论勤俭节约这个话题，并不是要简单地模仿作秀，而是要在加强制度建设的同时，能够以史为镜，在继承勤俭节约优良传统的基础上超越古人，并在新的时代里发扬光大中华民族之文明精华。

一个国家，一个民族什么时候都需要培养勤俭节约的精神。历史上无数的事实证明了先人的劝诫："历览前贤国与家，成由勤俭败由奢。"对青少年进行勤俭节约教育是新时期班主任工作的一个挑战。在我国不断发展市场经济的今天，铺张浪费之风愈演愈烈。那么，班主任在对学生进行勤俭节约教育时需要注意哪些事项呢？姚老师认为应该注意以下几点：

一、结合社会实际理解勤俭节约的重要性

目前,我国初步实现了小康,正在实行市场经济体制建设,人们的生活水平得到了很大的提高,但是勤俭节约精神并没有过时。以勤俭节约而论,市场经济无非是追求最佳的资源配置,它所崇尚的首先就是勤俭节约。只是这个节约不再是简单的消费上的节约,而首先是生产上的节约,生产时间上的节约,生活资料上的节约。

发达国家之所以首先选择了新教伦理,就是因为新教伦理中具有勤俭节约的精神。只有那些对市场经济一知半解的人,才会误认为市场经济不需要勤俭节约。所以,首先我们要让学生认清市场经济的实质。其次从可持续发展的角度看,由于全世界人口的激增和许多资源的有限,譬如淡水、石油等等,为了我们后代的生存和发展,我们必须提倡勤俭节约。因此,勤俭节约是人类永恒的美德,永远不会失去意义。

二、通过比较研究认识勤俭节约的必要性

在教育中,班主任一味的灌输很容易引起青少年的反感。我们不妨布置一些项目性的作业,让学生主动去查阅有关勤俭节约与国家、民族乃至个人命运的资料,通过对结果的比较研究进行自我教育。如让学生调查一下古代中外王朝中哪些是因为穷奢极欲而亡国的。相信学生们会对“成由勤俭败由奢”这句话有更深的理解,从而自觉去宣传勤俭节约的重要性。

同样,我们也可以让学生调查一下中外家庭的消费比较或中外学生的消费比较。通过对中外家庭或学生消费内容的分

析，让学生们归纳出中外家庭或学生消费观念的相同点和不同点。当我们的学生获知发达国家使用再生纸印刷教材时，当我们的学生了解到美国的中学生不管其家里多富有都需要通过干家务活赚零用钱时，他们的心灵深处自然会受到震撼。外国人经常贷款买车、买房，但他们对于手头的垃圾却十分在意，总是分类回收，以便于再加工利用。通过主动的比较研究，青少年对勤俭节约有了更全面的认识，能够更深刻的意识到勤俭节约对国家、民族乃至个人发展的重要意义。

三、通过社会实践体验勤俭节约的迫切性

学校可以有针对性地开展主题班会或社会实践活动，让学生针对"勤俭节约"这一主题组织、参加各种各样的活动。如班主任可以让学生策划一个"俭以养德"的主题班会。在活动前，让学生查找阅读提倡艰苦朴素等优良传统的书籍和资料，收集并撰写有关勤俭节约的格言；同时让那些家庭生活富裕的同学去关注一下自己身边的弱势群体，如生活困难的同学，流浪街头的孩子，下岗在家的工人，等等。让他们在关注之后谈谈自己的感想和体会，进而使他们自觉地参与到"希望工程"等公益事业中来。

另外，学校还可以引导学生参与各种环保活动，让他们了解到我国各种资源的匮乏状况已经制约了经济进一步发展的现实。

四、学校家庭配合养成勤俭节约的自觉性

学校教育离不开家庭教育的支撑，对学生进行勤俭节约教

育尤为需要。中学生一般没有经济来源,很多学生养成铺张浪费、相互攀比的习惯主要是因为家长给予充足的零用钱却没有加以相应的引导。班主任可以通过开家长会、分发有关勤俭节约的宣传资料等形式与家长协调沟通,统一思想。然后,班主任可以请家长在日常生活中有意识地率先垂范,同时对学生的消费观念和消费行为加以引导。如在每一次家庭大宗的消费之前,让孩子也参与预算、讨论、决定;在消费中与孩子共同总结反思。

总之,班主任在对青少年进行勤俭节约的教育时,需要转变观念,改变方式,不能以"一张旧船票"去登所有的船。班主任如果老是重复地灌输那些远离学生生活实际的事迹以及不着边际的高调,学生肯定会出现厌烦、抵触的情绪,以至于将勤俭节约误认为是那"过去的遥远的事情"。

五、用发展的眼光认识勤俭节约的科学性

我们现在使用的主要能源,是地球母亲经历了亿万年的孕育,才为人类积蓄下的一笔巨大财富。我们每一天都离不开能源,但能源不是无限的。假如只知道无节制地使用,地球疲惫不堪的身躯,将无力承担再一次的孕育!假如没有足够的能源供给,我们五彩缤纷的生活将黯然失色;假如能源耗尽,我们的未来将堕入无尽的黑暗!

提倡勤俭节约,对于国家和个人来说可谓有百利而无一害,既然如此,我们又何乐而不为呢?为此姚老师特意为学生编写了以下的勤俭节约儿歌:

勤俭节约"八自勉"

可穿衣物不要丢，
盘中食物不宜剩，
穿衣打扮不攀比，
手中零钱不乱花，
废物回收不能忘，
公用设施不损坏，
铺张浪费不可学，
勤俭节约不浪费。

典例介绍

“生活在当代的青少年不知道要比他们的父辈幸福多少倍。我们的国家富强起来了，我们的家庭富裕起来了，再加上我们许多人都是独生子女，家长视我们如掌上明珠，更有些家长对孩子是有求必应。穿衣买名牌的，食物买精品的，花钱不问用途就大把大把地塞到兜里。我想这不是什么好事情。我已经13岁了，还不会炒个鸡蛋，不会钉个扣子，长大了怎么能独立生活，更不要说独当一面、艰苦创业了。为此，我想通过你们的报纸，向家长们提个意见，国富了，家富了，但孩子们不能太富了……”

六年级学生小余，尽管家庭比较富裕，但是，在班主任姚老师的教育下，对新时期勤俭节约的重要性已有了自己独到的见解，以上就是她写给《河南日报》的一封信。

13岁的小余在信中发出“国富家富不能富孩子”的呼吁。一个未成年人出语如此惊人，的确令人刮目相看。是的，我们的国家并不富裕，还有不少困难群体需要帮助；还有许多失学的儿童渴望得到“希望工程”的赞助。对青少年进行勤俭节约教育已经势在必行。我们要对青少年进行“吃苦教育”和“挫折教育”，让他们养成勤俭节约、艰苦朴素的作风。

在姚老师的支持下，小余主动提出召开一次“家庭节俭主题会”，并建议全家每人必须提出一条“节约金点子”。在他的提议下，这个“家庭节俭主题会”开得非常成功。下面就是他们家庭成员发言的部分记录。

奶奶：家里的淘米水每次都倒掉太可惜了，如果用来浇花，不但有营养，还很环保呢！

爸爸：我发现家里的电视机很多时候都处于待机状态，这样其实也在耗电，应该及时把电源拔掉。此外，还要注意随手关灯。

妈妈：家里的热水器刚开时，水龙头的水是冷的，可以把这些冷水接在桶子里，洗完澡后用来洗衣服。另外，洗完衣服的水，还可以再次利用冲马桶。

小余：爸爸妈妈用过的打印纸不要扔了，我还可以用反面画画或者练字呢！

结果他们七嘴八舌、各抒己见，每个人提出了三四条好建议。在会上，他们指出了平时不节约的一些现象，制订了“家庭节俭协议”，每个人都在协议上签上了自己的名字。后来他们按照这些方法去做，每个月能够省出一百多元呢！

小余高兴地说：“现在我们家已经成为名副其实的节约型家庭了！”

节俭不仅与个人的生存密切相关，也与整个人类的生存发展密切相关。节约每一分钱的实质就是节约地球上的每一点资源，每个人的节俭不仅仅显示了个人的道德观与价值观，并且能够从中体现出人类高尚的情感与博大的智慧。

第七编

体弱生教育案例

曾经有人做过这样的比喻：健康是数字中的“1”，而事业、金钱、婚姻、家庭……都是它后面的“0”，当这个“1”失去了以后，后面的一切也就不存在了。这句话形象地说明了健康的重要性！健康第一是永恒的主题，也是幸福一生的基本保证。

要有健康的身体——身体好，我们可以在物质的环境里站个稳固……要作一个八十岁的青年，可以担负很重的责任，别作一个十八岁的老翁。

——陶行知

健康的体格高于一切

健康第一是永恒的主题，也是幸福一生的基本保证，一个人如果在童年时期没有养成运动习惯，长大后没有一个强壮的体格，其生活质量及生命价值必定受到极大的影响。对此，模范班主任的刘老师在配合体育老师的教学工作方面更有自己独到的见解。

一、培养体育意识和兴趣是坚持体育锻炼的关键

运动兴趣的培养和锻炼习惯的养成往往是许多人坚持终身体育的第一动因。新的课程标准的理念之一就是激发运动兴趣，培养学生终身体育的意识，这就促使我们在体育教学中把运动兴趣的培养和运动习惯的养成，作为重要任务常抓不懈。过

去为了提高体育锻炼达标率，在体育课上把50米、立定跳远等五个项目作为主要教学内容。在相当长的时间里采用重复练习、循环练习，直到学生熟练掌握，把体育课变成了训练课，影响了学生学习兴趣，也不利于整体素质提高。所以，班主任在指导和组织学生进行体育活动时，应注意充分挖掘运动的内在乐趣，无论是讲解、示范和组织教学，都要精心创设学习情境，想办法引起学生的注意，让学生开动脑筋，在想中练、练中想。学生一般都比较好奇，在练习中可以诱发学生思考的兴趣，调动学生参与运动的积极性。

二、培养良好的锻炼习惯是学生终身喜爱体育的基础

俗话说“习惯成自然”，养成锻炼习惯之后，每次体育锻炼都是自然行为，不需要用意志强求自己去锻炼，一到锻炼时间就会产生锻炼的欲望，就像“生物钟”现象。培养学生良好的锻炼习惯，一是要培养学生科学地进行身体锻炼，二是要培养学生把体育锻炼作为日常生活的一种需要，养成一种习惯。而养成习惯是比较难的，如今的学生大都是独生子女，外出父母不放心，锻炼又怕累着，他们最大的乐趣是玩电脑、看动画片，进行体育锻炼的时间特别少。所以，在体育教学中，班主任应有意识地把科学锻炼身体的基本原理和方法传授给学生。此外班主任应根据学生年龄特征和心理特征的不同，教会他们不同的锻炼方法。如：让学生懂得生理负荷、合理的锻炼程序等；也可以根据居民区的公共健身设施。这样既解除了父母的担心，又增进了同伴之间的感情，还能够使学生在锻炼中体会到运动带来的乐趣。

当然,只有经过反复训练,经常督促,并持之以恒,才能形成良好的锻炼身体的习惯。

三、自觉养成终生体育锻炼的良好习惯

在学校接受教育的学生,正处在身体生长发育时期,用科学的锻炼方法,就能促进他们的身体朝着正常方向健康良好发展,为一生的幸福生活和工作打下良好的体质基础。在教学中,班主任不能只看"短期效益",盯着自己的抽测是第几名,体育锻炼达标在全区处于什么地位,要看得远长一点,因为学校教育是有终结的,而人的体育生活是无止境的,要为学生的终身着想。此外,还要转变传统的体育教学观念,在体育锻炼问题上尽量配合好体育老师的工作,鼓励学生多提问。通过班主任细心的指导,在旧知识与新知识之间架起一座桥梁,使学生养成终身喜爱体育运动的习惯。

四、优化体育教学的内容和方法

新的课程标准强调了以学生发展为本,让学生主动的、创造性的进行学习,培养学生的创新精神和实践能力。这对班主任提出了更高的要求,班主任必需研究新的教学方法,在教学过程中完成从"要我学"到"我要学"、从"学会"到"会学"的转变,充分挖掘学生的学习潜力,使学生的学习态度由被动变为主动。应该给学生选择的权力,让学生对于"学什么、学多少和怎样学"享有发言权,可以让学生根据自己的兴趣选择学习方式。如:在跳绳时,跳绳好的学生可以在满分的基础上学习跳双飞、花式跳;中等生让他们争取满分;较差的学生让他们在动作方法上改进。形式多

样的场地布置好了,学生参与的热情也就高了。俗话说:教学有法,教无定法。班主任要有目的创设情境,要经常请学生提出建议,应给学生留有自主选择、自主练习、自我评价的空间,使学生真正成为课堂的“主人”。

总之,坚持体育锻炼不仅是少年学生个体发展的需要,也是提高全民族体质的需要,更是全人类社会发展的需要。本着“素质教育”、“健康第一”、“终身体育”的思想,我们要以学生健康发展为本,培养学生养成良好的锻炼习惯,为终身健康打下良好的基础。

典例介绍

乐乐出生时早产两个月,体重只有五斤。因此乐乐的爸爸妈妈很担心他的健康。看着不太强壮的儿子,刘老师给他的爸爸和妈妈提出了自己的教育方案:健康第一,体育为主。

打乐乐从一年级开始,刘老师就非常重视他的体育锻炼,周围许多父母都带着孩子学习各种特长,而刘老师却建议乐乐的爸爸带乐乐到各种体育场所,让孩子感受运动给人带来的活力。因为他觉得让孩子进行体育锻炼比学习美术和钢琴更重要。

刘老师认为孩子越小价值观越不成熟,这时父母应格外关注的不是让孩子多学几种技能,而是如何帮助孩子养成良好的体育锻炼习惯。乐乐上学后,刘老师和乐乐的爸爸达成了共识,且仍然不改初衷,这一来乐乐用在学习上的时间难免就会比较少,但他的学习成绩却一直名列前茅。

奇怪吗？道理很简单，经过体育锻炼，乐乐的精力比别的同学旺盛，上课能专心听讲，作业完成速度也快。在小学六年期间，从来没有因为患病而请过病假，耽误学习。如果偶尔成绩不理想，乐乐也不会垂头丧气，因为他的身体素质和心理素质极好，抗挫折的能力也较强，所以，他对自己总是充满信心。

刘老师和学生家长的默契配合，完全符合儿童的发育特点和生理特点，是有充分的科学依据的。他从客观实际出发，制定了一套完全符合乐乐特点的训练计划。

我们可以试想一下，假如乐乐的爸爸也和别的家长那样，让孩子学钢琴、学美术等其他艺术课程，而忽视了体育锻炼。那么，身体健康没有保证，各门功课必然也受到影响，同时家里还要花费大量的医药费，乐乐也不可能有今天这样好的成绩。

可见刘老师对乐乐爸爸、妈妈提出的健康第一的建议是何等的富有远见，使乐乐始终保持着旺盛的学习精力。刘老师的做法值得我们每一位班主任思考和借鉴。

如果学校不能在课堂中给予学生更多成功的体验，他们就会以既在学校内也在学校外都完全拒绝学习而告终。

——林格伦

让班级充满爱

十五六岁的孩子,难免做点荒唐的事。可以这么说,没有恶作剧是不正常的,有恶作剧不足为奇。不管恶作剧“恶”到什么程度,班主任都要冷静、镇定,千万不要意气用事。沧海横流方显出英雄本色,有时候恶作剧、偶发事件更能锻炼班主任对突发事件的处理能力,有利于迅速提高工作水平。处理学生的恶作剧,张老师从来都是不采用简单说教的方法,而是采用攻心的方法从根本上解决问题。

偶发事件不可避免,问题在于发生后不能怨天尤人、灰心丧气、一蹶不振。班主任必须冷静,想尽办法扭转劣势,把坏事变成好事。国破家亡是坏事,但何尝不是激起民族自尊心、增强民族凝聚力的契机呢？成功者不是没有遇到失败，没有劣势，而是他们具有百折不挠的精神，具有东山再起的毅力。一旦发生偶发事件，一时处于劣势，班主任便低沉下来，那么劣势会接踵而至，江山就不可收拾了。

典例介绍

张老师是很少发脾气的，但是今天上午就出了一件令他难以忍耐的事儿。

原来，前天班里转来一个叫小磊的男生，小磊很腼腆，脸色有点苍白，而且由于小时候患小儿麻痹症医治不及时，造成了终身残疾。张老师很同情小磊，也背着小磊叮嘱其他学生，一定要关心照顾好他，千万不要拿他的残疾开玩笑。

谁知第一节课后的课间，小磊艰难地往教室外面走的时候，小军就跟随在后面，模仿他走路的姿态，一瘸一拐地走，全班哄堂大笑，小磊难过地哭了。下午就没有来上学，家长打电话请假说孩子病了。

张老师的心里很不平静，虽然没有亲眼目睹，但可以想象小磊被恶作剧伤害后痛苦的样子。张老师最看不惯以强凌弱、拿人家的生理残疾取乐的事情，今天竟然发生在自己班里，更是怒火万丈。

后来冷静一想，现在关键是做好扭转工作，借这件事教育小军，进而教育全班学生。安慰小磊，抚慰他的创伤，并不是简单地把小军叫来大发雷霆大声训斥、拍桌子打板凳所能解决的，怎么作好这篇文章呢？

正想着,小军低着头走了进来,眼含着泪说:"老师,我错了。是我把小磊给气病的,我不该拿小磊的生理残疾取乐。"

张老师痛心地说:"小军你也太糊涂了!怎么可以把自己的快乐建在人家的痛苦上呢?你知道小磊是怎么残疾的吗?他的父母都是地质工作者,为国家没日没夜地找矿藏。小磊三岁时发高烧,他的父母为了工作没请一天假,硬是把小磊给耽误了!"

小军眼含着泪,头低得更深了。张老师接着说:"我知道你是一时糊涂,可是生米已做成了熟饭,再后悔也无济于事。咱们怎么办才好呢?"

小军说:"我愿接受学校任何处分。"

张老师说:"给你处分就可以抚平小磊的心吗?你应该去他家,亲自登门道歉"

小军说:"那多难为情!要是他不开门,他不理我怎么办?"

张老师出主意说:"你可以把小磊的书包带去,他能不开门吗?开了门,就看你的了。一个人不会拒绝赔礼道歉的,更不会拒绝一位诚心诚意的朋友。"

小军为找到妥善的办法而感激地给张老师鞠了一躬。

结果呢?第二天,小军和小磊搭伴儿来上学,以后两人每天都一块到校、一块回家,亲如兄弟,班里同学们也热情地帮助小磊。

经过这件事以后，渐渐地，小磊不再腼腆、不再沉默、不再伤心。他的母亲专门来校找到张老师说："小磊转到您的班以后，话比过去多了，饭量比过去大了，也爱笑了。真感谢您啊！"张老师知道他的学生都懂事了、长大了，也不由得笑了。以后班里再没发生过类似的恶作剧。

如果你不从心的深处，热爱你的学生，你便教不好你的学生，我深信这是十分正确的。

——程今吾

轻松面对压力

中学生一般学习压力比较大,尤其是女孩子,心理和性格上的软弱也是身体虚弱的一种表现。对此,张老师是这样做的:

一、借助集体的力量进行引导

暗中指派几位同学亲近有心理问题的学生,帮助他们,与他们同吃、同住、同玩、同学习。当他们遇到挫折、情绪低落时,立即主动为他们指点迷津。

二、开展各种活动增强自强自信

鼓励他们走上讲台主持班会,让成功的喜悦激励他们笑傲人生、迎接挑战。另外组织全班开展徒步郊游活动,用田间风光、家乡巨变激励他们树立刻苦顽强学习的志向;长途跋涉的方式,既增强了他们战胜困难的勇气,又磨炼了他们百折不挠的意志。

三、热情深入地与他们谈心

张老师以师长的身份循循善诱,以朋友的身份推心置腹。他和学生们谈绚丽多彩的人生,谈无限美好的青春,谈祖国热切的期盼,谈未来任重而道远,帮助他们认识人生。一次次的谈话像春风吹绿了他们心中的枯草,似细雨滋润了他们干涸的心田,使他们的脸上绽开了笑容。

四、语重心长写赠言

在迎新年或生日之际,张老师特意送他们一张贺卡,并在贺卡上写些格言赠言,赠词中嵌含有她的名字,将一片热切的希望寓于字里行间。在张老师的精心教育和感召下,在全班同学的帮助和激励下,那些有心理问题的学生变得爱说爱笑了。

当今,不少青少年心理脆弱,心理压力过大,抗挫折能力差,极易患心理疾病,严重的酿成轻生的悲剧。这已引起全社会的关注,作为班主任更要关注这个问题,更要防微杜渐,准确把握学生动态,洞悉学生心理变化,把有轻生念头的青少年拉出阴影,投身于生活的七彩阳光中,激励他们勇做劈风斩浪的弄潮儿。

典例介绍

偶然间得知小微曾几度想自杀,让张老师胆战心惊。小微是个朴实勤奋的女孩子,但在14岁那年便萌生了轻生的念头。上了重点高中后,由于学习不得法,高一第一学期期末考试有三科挂了红灯。这对小微来说如同在早已留下的伤口上又撒了把盐,她觉得头上似乎没有一片蓝天,阴霾压得她喘不过气来,于是她再一次想到死神那里去求解脱。

随后跑了几家医院,凑足了一瓶安眠药。一天在家里写好遗书后,抓起那瓶药,万幸的是在那千钧一发之际,她妈妈突然来了……

张老师知道这件事后,心里想太可怕了,处于人生花季的孩子怎能如此轻率地对待宝贵的生命?那次她未吞下安眠药,但是谁能保证以后她不会再碰到挫折?张老师觉得自己有责任关心她,帮助她驱散心头的阴霾,鼓励她扬起自信自强的风帆,培养她百折不挠的精神,使她健全心理、学会生存。

那么,怎么办才能更奏效呢?张老师知道此类问题不宜直来直去,而应该用巧妙的方法深入细致地做思想工作。在以后的一段时间里,她连续施用了上述五种招法,终于攻下小微心中轻生的堡垒。

后来在期末考试中,小微因学习成绩显著而获得学校表扬。后来,她在给张老师的一封信中写到:“当我在黑暗中摸索,即将失去勇气的时候,您是一盏明灯,给我指引了方向;当我在困难关头徘徊,即要退却的时候,您是一首催人奋进的歌,使我重新恢复了自信。”读着热情洋溢的诗句,张老师欣慰地笑了,不是因为学生的赞扬,而是因为张老师知道小微确实从轻生的阴影中挣脱出来了,在今后漫长而艰难的人生征途上,她一定会成为强者。

第八编

单亲生教育案例

人是有感情的，特别是学生时代培养的感情尤为真挚。师生的心与心之间的呼应就像人们在群山之中得到回声一样，班主任对着学生心灵的高山呼唤：“我尊重你，我理解你，我关怀你……”学生便在心灵的深处回应：“我尊重你，我理解你，我关怀你……”

教育之不能没有感情。没有爱，如同池塘没有水一样，就不能为池塘；没有情感，没有爱，就没有教育。

——夏丏尊

关爱学生，做学生的良师益友

吴老师是小学一级班主任，她对党的教育事业怀着朴素而真挚的感情。她从事小学教育教学工作 8 年来，担任过 6 年的班主任工作，两次在年度考核中评优。2005 年 11 月获得班主任英语演讲比赛三等奖；2006 年 4 月获“首届小学生英语口语比赛”优秀指导奖。

吴老师担任小学四年级的班主任后，在她的带领下，该班连续两年获得“先进班集体”的光荣称号。她所任教的数学课在学区的质量监控中多次取得第一名的好成绩。他们的班集体积极向上、求实进取。这一切都与吴老师这只“领头雁”有着密不可分的关系。吴老师的主要经验有以下几点：

一、敬业爱岗做真正的传道授业解惑者

吴老师老师热爱本职工作,事业心、责任心很强,工作态度端正,作风正派,有较高的教育、教学水平和较强的组织管理能力。走上工作岗位以后,一直勉励自己做一名优秀的班主任。参加工作的 8 年时间里,吴老师总结出作为一个班主任所必备的基本素质,要有超出寻常的责任心,要有较高的管理素质。事实证明她的确达到了这样的要求。

很多学生在日记中写到:吴老师是最具责任心和爱心的老师。她对自己的学生就如同父母对待自己的孩子,从学习到生活,都是呵护备至。在学习上,不管基础多差的孩子,吴老师总能自始至终以督促、鼓励为主。吴老师认为,作为一名班主任,不放弃任何一名学生应该是最基本的原则。

二、关心学生以点带面不放松

对于班里的特情生,吴老师则引导他们树立正确的学习观,并积极地给他们创设良好的学习环境。在 2006 年 4 月,吴老师在指导学生参加洪塘区举行的第九届数学竞赛中,其中有两位来自单亲家庭的学生分别获得了一等奖和二等奖。2006 年 5 月,在吴老师的精心辅导下,小李同学获本区数学竞赛二等奖,小王同学获三等奖。吴老师就是用她的细心加耐心认真地教育着每个学生。所以,在历年的统考中,她所带班级的成绩总是在本校区名列前茅。

三、运用独特方法注重工作实效

吴老师做班级工作讲究方法，喜欢思考，时常总结，善于做学生工作，擅长培养学生干部。在班级管理中，吴老师讲究的是“六要”原则，即事无巨细都要经常过问；对班级事物要有耐心；要注重培养学生的集体意识；要培养优秀的学生干部；要树立班级先进典型；要注重教导学习和行为规范上有偏差的学生。

吴老师自己总结的“六要”原则使她在工作中得心应手。她培养的学生干部有多人获得“优秀班干部”、“三好学生”称号。

“让每一个学生都成为有用的人”是吴老师的座右铭。在这个平凡而又伟大目标的激励下，吴老师以满腔热情投入到工作中，成为了班主任中的优秀典型。

典例介绍

在生活上，吴老师像是学生的大姐姐一样，关心关爱学生，做学生的良师益友。学生有悄悄话会向吴老师倾诉，而吴老师也会竭力去开导；学生有困难首先想到的肯定是吴老师，而吴老师总是很乐意去帮忙。在她当班主任的第四年中，有三个学生来自单亲家庭。吴老师不仅在经济上对这些学生给予帮助，更从精神上帮助这些学生努力摆脱失去亲人的痛苦，使他们真正融入到班集体这个温馨的大家庭中。

2005 年 12 月，一名学生的母亲因琐事和丈夫争吵，一气之下自寻短见。得知这一情况后，吴老师当天带头捐款并组织全班同学捐款，在第一时间里赶到学生家里表示慰问，吴老师的举动给予了学生极大的安慰。

在以后的学习生活中，吴老师继续对这名学生给予关爱与资助，帮助这名学生在最短的时间内摆脱痛苦，重新投入到学习中来。

吴老师的学生对她有着超出师生关系的情感。她的很多学生都在日记中写到：吴老师给了我自信，教会了我怎样做人；她是我的良师，更是我最贴心的朋友和家人；我会牢记她的教导，走好人生的每一步路。

吴老师的班里曾经有一个叫小李的同学，由于母亲过早去世，而父亲又忙于生意，无暇顾及他。因此，小李的学习和生活习惯都非常不好，学习成绩也不理想。

在这种情况下，吴老师多次找他谈话，鼓励他重新拾回学习的信心。在以后的日子里，办公室里总能看到她不厌其烦地给小李同学讲解数学知识，从最简单的个位数加、减法，到乘法口诀，再到多位数的加、减法等数学知识。她就是这样耐心地辅导小李同学。在她的辅导和关爱下，小李同学由原来的每次考试不及格，提高到及格，取得了良好的成绩。

小李同学点点滴滴的进步，都凝聚着吴老师辛勤的汗水。

我们教育工作者的任务就在于让每个儿童看到人的心灵美，珍惜爱护这种美，并用自己的行动使这种美达到应有的高度。

——苏霍姆林斯基

用真情对待学生

郑老师觉得班主任的工作尽管又苦又累，但又确实是一项很吸引人的工作，尤其是对单亲家庭子女的教育需要付出更多关爱。对此，优秀班主任郑老师总结出“三重收获”、“三个度”和“三激励”的方法可供大家借鉴。

一、三重收获

（一）收获各类人才

班主任的直接劳动对象是人。一个开始知识面很窄，各方面能力很低的娃娃，经过幼儿教师、小学、中学、大学的精心培育，就成了知识较丰富，有一定分析问题解决问题的能力，有理想，有抱负的人才了。看到自己培养的人才在工、农、商、学、兵各条战线上为党为人民做着实实在在的贡献，哪一位班主任能不感觉到幸福和自豪呢？

当然，人才的培养周期不像粮食、机器的生产周期那样短，那样很快就能看到效益，那样容易引起领导者的重视。唯其如此，才更使班主任产生一种为祖国未来而鞠躬尽瘁的历史责任感，产生一种更加神圣的自豪感与幸福感。唯其如此，才使班主任不那么急功近利，而是培养了较为宽阔的胸怀，较为远大的目光和较为坚强的韧性，并且强化了班主任们把自己的命运和国家民族的未来命运紧密联系在一起的观念。

许多班主任之所以爱自己的事业，就是因为他们爱自己的劳动收获——各类人才，他们爱看着自己培养的学生们正在各行各业大显身手，他们爱想象自己正在培养的学生们将来去实现自己的梦。

（二）收获真挚的感情

班主任除了收获各类人才之外，还有一个更大的收获就是真挚的感情。人是有感情的，特别是学生时代培养的感情尤为真挚。师生之间的呼应就像人们在群山之中得到回声一样，班主任对着学生心灵的高山呼唤："我尊重你，我理解你，我关怀你……"学生便在心灵的深处回应："我尊重你，我理解你，我关怀你……"

年复一年，班主任就像从一条河的岸边接一届新生上船，用满腔热情与真挚的爱，把他们送到理想的彼岸，让他们奔向远大的前程。学生们不仅在船上时不断表达着对老师的满腔热情和真挚的爱，就在他们奔向远大前程以后，三年五年，十几年甚至几十年以后还不断表达着这种满腔的热情和真挚的爱。师生之间培养起来的真挚感情，常常经年累月不仅不淡忘，甚至会越积越深。有许多毕业十几年，甚至几十年的同学不是相约重到母校聚会，去表达自己对老师的感激之情吗？可见，师生之间情感的交流是一种崇高的美。

（三）收获创造性劳动成果

班主任的工作对象是人，人是千差万别的，要做好教育工作，就得充分发挥创造性。正是这种工作性质，决定了班主任必须学识渊博，并且每时每刻都要开动脑筋，针对当时的情况和学生的差异，创造性地处理各种问题。

班主任从事的是最富有创造性的工作。有人说，班主任像蜡烛，燃尽自己，照亮别人。其实各行各业的人，谁又不像蜡烛呢？一个人来到世间，便像一支蜡烛，燃尽自己是必然的。不同点在于有人只燃自己却不肯照亮别人，甚至去伤害别人，有人却想方设法去照亮别人。同样是燃尽自己，为什么不去照亮别人呢？照亮别人不是一种幸福吗？班主任的职业恰恰是最有利于照亮别人的职业。从文化积累对社会发展的意义上说，我们的理想社会，也是在人们的心灵不断地被照亮的过程中，通过无数心明眼亮的人去拼搏，去奋斗，去牺牲，才实现的。从这个意义上思考，班主任工作的深远意义又远不止上述的三重收获。

二、三个度

(一)严而有格处罚学生有制度

“你凭什么不让我上课？凭什么让我回家？”小军愤怒地向某班主任提出质问。原来，小军沉迷于网络游戏，经常旷课去网吧。今天小军又故伎重演，该班的班主任一气之下宣布：“回家反省，什么时候戒了网瘾什么时候回来！”没想到，小军却毫不示弱，与班主任顶撞了起来。

为什么会出现这样的僵持局面？事后郑老师分析认为，最主要的原因是处罚学生缺少制度依据。马卡连柯曾经说过：“合理的惩罚制度有助于形成学生的坚强性格，能培养学生的责任感，能锻炼学生的意志和性格，能造就学生抵制引诱和战胜引诱的能力。”可见，制度是规范学生行为的不可或缺的手段。

(二)急而不乱处理问题有风度

“小林 20 票，小怡 20 票。”随着团支书的唱票，教室里顿时安静了下来。

班里正在进行的市级“三好学生”候选人投票工作，戏剧性的场面出现了——小林和小怡的票数一样多，但名额只有一个，怎么办？教室里出现了短暂的沉寂。“重选。”不知哪个学生小声嘀咕了一句。但是该班班主任却有些恼怒地看了一眼出声的方位，说：“小林当选！”小怡哭着跑出了教室，小林也拒绝了班主任的好意，教室里乱成了一锅粥。

班主任认为小林就是比小怡优秀，“三好学生”就应该是这样的学生。学生们为什么反对呢?

郑老师认为这位班主任只是凭自己的主观印象感情用事,而当选举中的意外事件发生后,他首先应该保持自己的风度,遇事不能急躁。要知道,民主意识是班主任的必备素质。民主像一座搭在师生之间的桥,民主程度越高,这座连接心灵的桥就会越坚固。班主任在管理班级时必须改变自己“一言堂”的作风,班级事务要多与学生商量。其实,出现票数并列以后,班主任应该讲一讲“三好学生”的条件,再让小林和小怡当众介绍一下自己的事迹,相信学生会做出正确的选择。这样的评比,既是对学生民主权利的尊重,更是班主任保持自己风度的体现。

(三)将心比心批评学生要适度

在夸夸其谈将近一个小时后,一位班主任还在大谈特谈纪律的重要性、学生的义务和父母的期望。小强终于忍不住了:“老师,您谈了我今年犯的错误,又讲了去年的不足,您不累吗?我不就是迟到了5分钟吗?您爱怎么处分就怎么处分吧。”扔下这句话,小强扬长而去,留下了张口结舌的班主任。

班主任是为了帮助学生才教育他、劝导他,为什么学生不领情?郑老师认为这是因为这位班主任没有把握好适度原则。中学生自尊心很强,希望被别人尊重,他们不希望别人以教训的口吻和自己对话。而且,当犯了错误以后,学生们往往很快就会认识到,这个时候,老师只要轻轻一点学生就会明白。所以,班主任批评学生必须适度,切忌唠叨,更不能硬逼着他们承认错误,如果班主任批评过多,就会引起学生的反感。

郑老师认为：班主任与学生之间的许多冲突，有些错不在学生而在于班主任。如果每位班主任都能把握好制度、风度和适度，相信我们的师生关系会更加融洽和谐。

三、"三激励"

（一）表率式激励

以前，每当大扫除的时候，班里的卫生总是搞得不彻底，不是玻璃没擦就是垃圾没倒。班级评比公布栏上班里的卫生成绩总是不理想。又到了大扫除时，这一次，郑老师什么也没有说，拿起一块抹布就擦起玻璃来。学生一看老师也来劳动了，个个都很积极，没用多久，教室就变得窗明几净。从此以后，一到星期五，郑老师就身先士卒，和学生并肩作战。郑老师的表率作用，对学生具有强大的说服力和影响力。班里不但卫生上去了，各方面的工作都有了很大的起色。

可见，哪个班的班主任身正言端，哪个班的班风就正，学风就好。因此，班主任一定要充分认识自己一言一行对学生的影响，处处做好学生的表率。

（二）自罚式激励

班上的小林经常迟到。一天，上课很久了，他还没来。郑老师正要对这种屡教不改的现象说上几句，手机响了。在走廊上接电话时，他发现小林不紧不慢地走来。也许是小林发现了郑老师，便一路小跑上了楼。郑老师见他气喘吁吁的进了教室，狠狠地批评了他。小林小声地说了一句："您还不是在接电话。"

语气中满是不服。郑老师一想到在课堂上接电话违反了纪律，马上向学生承认错误。这件事情以后，他发现小林不再迟到了。

由此，郑老师总结出自罚式激励的优点：一个好的班主任，不但应该全力以赴、一丝不苟地履行岗位职责，而且还应该对自己提出严格的要求，自觉地将自身置于监督之中，尤其要重视自我监督、自我约束。这虽无补于已经造成的损失，但通过这件事，不但激励了自己，而且还激励了学生。

（三）宽容式激励

班里自从开展勤工俭学以来，每周都有废品要卖。这一周，由于数量较多，他便安排了小志等6名学生一起去卖废品。下午，当小志把6元钱交给班长时，学生异口同声地说："他们把钱贪污了。"原来，上周的废品较少还卖了8元钱，这周废品多一些怎么钱反倒少了呢？大家提出要去废品收购站问一问，以便查个水落石出。郑老师示意学生安静下来，看了看满脸紧张的小志，他首先对他们付出的劳动进行了表扬，接着对其他学生的怀疑进行了分析："也许小志他们没有和老板讲价，因此没有卖到好价钱。也许……"第二天早上，小志他们找到郑老师，承认了自己的错误。原来，他们卖完废品后，有点口渴，每人买了一瓶水。郑老师向大家说明了原因，并对小志等同学的表现进行了表扬。

典例介绍

仅仅一个五年级(2)班就有7名学生是来自单亲家庭的，这真是一个惊人的数字，没有了父亲的教导或没有了母亲的呵护，这些单亲无亲同学的生活是怎样的呢？下面是郑老师和全班同学的一次集体谈话摘录：

郑老师：各位同学你们好！今天是我们“心灵立交桥”的对话时间，先介绍一下自己的生活情况好吗？

单亲生1：我是一个单亲家庭的孩子，爸爸长期在外打工。奶奶一个人料理家务，还要照顾我。奶奶年事已高，所以我经常帮助奶奶干家务。时间久了我的自理自立能力有所提高，生活经验也越来越丰富，只是看到人家一家三口在一起时我就非常想爸爸。

单亲生2：我是在单亲家庭生活的，妈妈长期在青岛打工，所以我过得不好。早上没有妈妈给我做饭，外婆总是给我钱让我买面包吃。一开始觉得买东西好吃，可时间长了就觉得面包不好吃了。尤其是在过年的时候，人家都是一家三口，而我家只有我和妈妈，所以我认为在单亲家庭中生活不好。

郑老师：你想对远方的妈妈说点什么吗？

单亲生2：妈妈，您在远方还好吗？我在家里挺好的。但是我好希望您早点回来，我想喝您做的酱汤，生病的时候想让您陪我去打针，想让您看我踢球、跑长跑。妈妈，回来吧！只要我们能和你生活在一起，再苦再累，我也愿意！

无亲生1：我是一个无亲家庭的孩子，在我3岁的时候父亲去世了，不久妈妈也因为车祸去世了，所以我和奶奶生活在一起。但是我觉得我很幸福，虽然我没有父母，

但是爷爷奶奶对我很好,他们尽了最大的能力抚养我。我的姨妈和舅舅也非常关心我的学习 和生活,常常给与我物质上的帮助和精神上的鼓励。

郑老师:你有什么愿望吗?

无亲生1:从来没有人给我过过生日,5月2日是我的生日,我希望奶奶能给我过一次生日。

郑老师:你听过梦想成真吗?

无亲生1:听过。

郑老师:你想梦想成真吗?

无亲生1:想!

郑老师:那好。由于5月2日我们放长假,今天我们就提前为你开一个生日party!好不好!

几位单亲生:好!

郑老师:有请全班同学入场!

郑老师手捧点燃蜡烛的生日蛋糕:从门外走来全班同学一起跟着齐唱“祝你生日快乐”。

无亲生1:郑老师,同学们,这是我过得最开心的一次生日。谢谢你们,谢谢大家。

郑老师:同学们这次“心灵立交桥”办得很好,很深刻,很有意义。可以说引人深思,发人深省。希望同学们能够继续关心他们,关注生活,更希望那些远在他乡的父母能够多与孩子沟通,要切记真情不“欠费”,好语不“关机”。

第九编

特长生教育案例

希望是一粒种子，而爱与智慧就是阳光、水、养分，是它们让种子发芽、成长。班主任工作需要注入的应是心血而不仅仅是形式，班级建设需要投入的应是智慧而不仅仅是时间。

教育中应该尽量鼓励个人发展的过程。应该引导儿童自己进行探讨，自己去推论。给他们讲的应该尽量少些，而引导他们去发现的应该尽量多些。

——斯宾塞

把目光投向每一个学生

优秀班主任傅老师，被大家称为是培养优秀学生的“专业户”。在她带过的学生中，有两名当选过校学生会主席；四十多人次在全国、省市作文、专业技能等各项竞赛中获奖；十多名学生被评为省市优秀学生、优秀学生干部……。在职教学校这片充满希望的土地上，省“春蚕奖”获得者傅老师播撒下了无数希望的种子，收获了累累的硕果。

傅老师从教至今一直担任班主任工作，从事职业教育以来，担任过普通中专、高职预备班、职业中专等不同类型班级的班主任。

不管是哪种类型的班级，傅老师始终以素质教育思想理论为指导，探索实践自主德育管理，努力建设优良的班级文化，挖掘学生的潜力，发挥学生的特长，为学校为社会培养了一大批优秀的毕业生，她本人也连续多年被评为优秀班主任。

在开展班级文化和素质教育思想指导下，傅老师带出了一个个先进班级，其中两个餐旅班的学生毕业前全部获得了餐饮中级工证书，两个计算机班的学生毕业前有80%的人获得了全国计算机C语言二级证书和全国公共英语二级证书！在素质教育思想指导下，傅老师还培养出了一批批优秀的学生。

一、注重班级文化的建设

傅老师经常说："班级文化建设处处蕴藏着教育的因素、育人的功能。"所以她非常注重班级。她还常常谈到所谓后进生的问题，她说："在我眼里，所有的学生都是出色的，看你如何去发现他(她)的出色。"这些在她的班主任具体工作中都得到了充分的体现。

以计算机班为例。1997级是个高职预备班，入学成绩并不差，可是在前二年的学习生活中班集体在学校默默无闻，学风班风建设也不够健全。为了能在高职考中取得好成绩，学校领导决定让傅老师在高三时接任这个班的班主任工作。面对高考升学率的压力，刚送走一批毕业生的傅老师毫不犹豫接过了这副重担，她并没有死抓学生的学习成绩，而是开始着手班级文化的建设。傅老师本着学生"自我服务、自我管理、自我教育"的方针，首先在班内开展班干部负责制，充分发挥班干部的主观能动性，让班干部在具体的工作中不断提高自己的管理能力和创新意识。在此基础上，傅老师从

“环境文化”、“精神文化”、“课余文化”等角度开展了一系列的班级活动，如美化教室、“诗歌朗诵会”、参观“全国美术作品展”、“集罐献爱心”等等。傅老师还深入学生，和他们一起聊天、下棋、打球，细心观察了解每位学生的特长，鼓励他们在各项活动中尽情展现才华。在她的鼓励与指导下，许多原先默默无闻的学生脱颖而出。

二、用爱心感化每一个学生

傅老师经常给同学讲美国作家欧·亨利在他的小说《最后一片叶子》里写的那个故事。

病房里，一个生命垂危的病人从房间里看见窗外的一棵树，在秋风中一片片地掉落下来。病人望着眼前的萧萧落叶，身体也随之每况愈下，一天不如一天。她说：“当树叶全部掉光时，我也就要死了。”一位老画家得知后，用彩笔画了一片叶脉青翠的树叶挂在树枝上。最后一片叶子始终没掉下来。只因为生命中的这片绿，病人竟奇迹般地活了下来。人生可以没有很多东西，却唯独不能没有希望。希望是人类生活的一项重要的价值。希望是一粒种子，而爱与智慧就是阳光、水、养分，是它们让种子发芽、成长。有希望之处，生命就生生不息！

“爱”是傅老师班主任工作成功的又一重要因素。傅老师自己没有成家没有孩子，她将自己的爱全都给了班上的学生，像爱自己的孩子、兄弟姐妹一般爱着自己的学生。中秋节时她会买好月饼、水果来到宿舍，和住宿的同学一起赏月、吃月饼、聊家常；元旦前，她会和同学们一起包水饺、跳舞、唱歌；住宿的学生得了急病，她会第一时间赶到学校送学生上医院，一直陪到深夜；运动会前她和学生们一起跑步、一起做操，运动会上一起呐喊，直到一起登上领奖台；春节前她会买好贺卡，根据班上四十多名学生的不同特点写上不同的祝福与希望，送到每位学生的手中；午间休息时，她会忘记工作的劳累（傅老师最多课时曾达到一周二十二节语文课），和同学们一起下棋、打球，用她爽朗的笑声感染每位学生……

对生活困难、成绩落后或行为有偏差的学生她更是关怀备至。国贸班小沈同学父亲不幸去世，家里经济困难，傅老师帮助她申请了学杂费减免，并帮助鼓励她从失去亲人的阴影中走出，勇敢地面对生活。

三、培养学生的集体荣誉感

在傅老师的带领下，短短的一年里，他们班就成了学校计算机操作竞赛的“夺冠大户”：校运会团体总分第一名、广播操优胜奖、诗歌朗诵一等奖、黑板报比赛一等奖、艺术节优秀组织奖……原先墙上的空白被一张张奖状所代替，班级获得校文明先进班级称号，班级团支部还被评为局级优秀团支部，整个班级焕发出一种内在的自信与朝气，学生又将这种自信投入到高职考的复习中，在当年的高职考计算机专业考生中，他们包揽了市前十二名，并有三名学生排名省前三十名，以优异的成绩为母校添上了一抹绚丽的色彩。

在她教过的学生中，有职教中心学校的第二名学生党员，前学生会主席、市级优秀学生干部；有市级优秀团干部、市级优秀团员、省优秀毕业生；有市级三好学生（在大学还获得了一等奖学金）；有省中学生英语演讲比赛一等奖、市教委艺术节征文二等奖、市外语歌曲大赛优胜奖获得者（在部队参加全国业余歌手大奖赛获第三名）；有全国职校生作文大赛一等奖获得者、局级优秀团干部，校园之星荣誉称号获得者……好一幅“红杏枝头春意闹”的热闹景象！

除了自己在班主任工作岗位上兢兢业业，她还热心指导年轻教师，为学校培养了许多爱岗敬业的优秀年轻班主任。她指导的年轻班主任吕教师、张老师都先后被评为校级优秀班主任，所管理的班级也都先后获得校文明班级、局级优秀团支部的荣誉称号，年轻班主任都说从傅老师身上他们既学到了如何管理班级的艺术，又学到了敬业、爱业的精神。

典例介绍

职高学生最大的弱点是缺乏自信，而优秀班主任傅老师最大的成功便是让学生重拾信心，走出迷茫，走向成功。

2000届计算机班的小锋同学入学时学习成绩处于班级中下，在初中阶段也没有担任过班干部，傅老师在他的初中档案“特长”一栏中发现他爱好唱歌，便记在了心里。

在一次开学前的军训活动中，休息时教官让学生们自己上台表演，全年级学生都不敢上台，傅老师抓住这一机会鼓励小锋同学上台演唱了一首军歌，虽然小锋还有点儿胆怯，他的歌声还带着颤音，但还是获得了全场近五百名师生雷鸣般的掌声，小锋的眼中有了一丝成功的喜悦。傅老师抓住这一契机，让他担任班级的文娱委员，参与班级的管理工作，并在工作学习中鼓励指导他参加学校的各项竞赛，如校园艺术节的演讲、歌咏比赛，春游的征文比赛等等。

小锋同学在“成功”中尝到了喜悦，找到了自信，他将傅老师的“人是应该有种精神的”这句话牢记心里，不断在工作学习中挑战自我，尽情发挥自己的特长：他设计制作了学生自己的网站——“FLY 学生联盟”，参加全国中等职校学生技能大赛获得网页设计金奖；他参加全市中学生“我可爱的家乡”演讲比赛并获奖；他参加市职校生“我爱职高”作文比赛获一等奖；他的习作发表在《职业技术教育》、《中学生天地》等期刊上……成为了学校的一颗新星，并当选为“校园之星”，并且被推选为校学生会主席，他的事迹登上了《职教中心报》、《职业技术教育》……而这些成功浸润着傅老师多少心血啊！

傅老师不但在学习、工作上关心他的成长，还鼓励他积极向党组织靠拢，在傅老师的鼓励下，小锋鼓起勇气向党组织递交了入党申请书，并在毕业前光荣地加入了中国共产党！怪不得小锋同学在“我最感激的人”一栏中写上了傅老师的名字。在全国职校生“小海鸥”作文大赛中，傅老师指导小锋写作的《树与泥土的情意》荣获特等奖中的第一名。他在文中将老师比作“泥土”，将自己比作小松树，文章结尾处写道：一年后，展现在人们面前的，是一棵挺拔的松树。也许，没有泥土的奉献，它不可能活到现在，活得充满生机。“泥土”真是个恰当的比喻，傅老师正如“泥土”一般培育着一棵棵“小树苗”，使他们在阳光雨露下茁壮成长。

餐旅班小方同学曾有过违纪行为，受到了学校的处理，一度非常消沉。傅老师没有因为她破坏了优秀班集体的荣誉而歧视她，而是一次一次的和她聊天，一次一次的激励她勇敢面对自己的失败，并发挥她体育素质好的特点。在傅老师的鼓励下，小方一次又一次为班级和学校争得了荣誉。学期结束时，小方还被评为班级体育积极分子。当傅老师宣布这一消息的时候，泪水从小方同学的眼中倾泻而下，她说："原以为自己这次错误给班级带来了耻辱，辜负了傅老师的心血，会招来同学和老师的白眼，原想破罐子破摔了，没想到傅老师一如既往的关心爱护自己，给了自己那么多的机会和鼓励。以后，我一定会走好自己人生的每一步！"她是这么说的也是这么做的，现在，小方同学已经成为海外旅行社的一名骨干……

小邵同学学习成绩很不理想，一直处于班级的最后几名，一度失去了升学的信心，傅老师发现他非常爱好音乐，钢琴弹得好，就鼓励他发挥自己的专长，向音乐方面努力，小邵同学多次参加学校的文艺演出，在高三阶段获得了钢琴八级证书，最后被北京现代音乐学院录取。

小林同学学习成绩中等偏下，面对高考激烈的竞争茫然若失，傅老师先用发挥他特长的方法让他恢复自信，在她的鼓励与指导下，小林同学先后在校诗歌朗诵、演讲、歌咏比赛中获一等奖，从中重拾信心，并再接再厉，又陆续在市职校生作文、演讲比赛中获一、二等奖，并在宁波市首届"红桃 K"中学生新概念作文大赛中荣获一等奖，小林脸上又绽开了自信的微笑，而在这微笑的背后，是傅老师一次次的家访、一次次的谈心、一次次的作文……一年后，小林同学如愿以偿进入了高等学府继续深造，还在大学里开了个人演唱会……

这样的事例，在傅老师的班主任生涯中还很多很多，傅老师真正做到了"把目光投向每一个学生"，她用爱浇灌着希望的种子，让更多的种子发芽、成长、开花结果。

世界上没有才能的人是没有的。问题在于教育者要去发现每一位学生的禀赋、兴趣、爱好和特长，为他们的表现和发展提供充分的条件和正确引导。

——苏霍姆林斯基

特长生可以“小题大做”

常常会听到有的班主任老师抱怨:“我时间没少花,功夫没少下,这学生怎么就是不来劲儿呢”,“怎么碰上这班不争气的学生!”是啊,班主任工作繁琐而且艰辛,学生思想丰富而又活跃,要当好一个班主任不容易。可是,梁老师认为班主任工作需要注入的应是心血而不仅仅是形式,班级建设需要投入的应是智慧而不仅仅是时间。用一句流行的广告词来概括,就是用“心”的将会是最好的。

前苏联著名教育家苏霍姆林斯基说:“教学的效果在很大程度上取决于学生内在状态如何。”学生情绪高昂,则效果倍增;情绪低落,则效果甚微。学生的心灵之门期待老师用热情去开启,学生的智慧火花需要老师用爱心去点燃。试问，连班主任老师的心灵都是冰冷的，面孔是严厉的，又怎能打开他们的心扉、点亮他们的心灯呢？

古希腊神话故事中，就有这样一个故事。有位叫皮格马利翁的塞浦路斯国王，他对一位美丽的少女雕像产生深深的爱慕之情，他如痴如醉的爱情竟然使这尊少女石雕“复活”了，最后他们结成了美好的姻缘。

在神话中，诚心能够使石像掉泪。教育教学过程中，我们的班主任老师如果能像皮格马利翁那样用心对待每一个学生，用心处理班级事务，那么“不来劲儿”的学生也能来劲儿，“不争气”的孩子兴许也会创造奇迹呢！学生乐学，老师善教，师生之间其乐融融，那班级建设和班主任工作谁能说不是最好的？

其实，教育教学实践中，有很多老师们还是相当用“心”的：牺牲休息，默默付出，真可谓是一颗“红心”向学生。可是常常是效果实在有点不尽如人意。看来对班级建设问题，光用心还远远不够，还得学会怎样用心。梁老师的心得体会是：

一、抓好开学工作能够起到事半功倍的效果

一切的一切都告诉我们，良好的开端就是成功的一半。成功是水，良好的开端就是水的源头；成功是火，良好的开端就是火种。一个良好的开端，是一把打开时间的锁，一柄开山的斧。

一开学，梁老师就思考，自己刚接手的五年级是学生完全打乱重新分班的，学生面对的是新的老师新的同学，一切都是那么的陌生，学生一定很散，没有凝聚力，那么，该怎样抓好开头呢？

(一)充分发挥黑板报的作用

梁老师利用这个地方,作为自己新学期的第一块阵地。在上面写了自己最想说的内容:一个板块写了新学期的寄语——天道酬勤,一个板块写了学生的一些学习常规,一个板块写了一个儿歌。儿歌是这样的:墙壁说,我的身上雪白雪白的,别把我弄脏;窗户说,我的玻璃亮亮的,别把我弄花;瓷砖说,我的皮肤滑滑的,害怕桌子来撞我……用这种方法,让孩子一开始就必须明确自己该遵守的准则。

(二)做好开学第一天的工作

学生报到那天,她早早地来到了学校,笑脸迎接每个学生,目的是让陌生的学生对自己这个陌生的班主任有个好的第一印象,因为梁老师认为第一印象很重要,这有利于自己更好地开展今后的工作。顺利地完成报名工作后,她组织大家开展了说一说——你发现新学期有哪些不一样的活动?很多同学说到了新的老师、新的同学、新的教室宽敞明亮、新的黑板、新的板报以及大厅上方的标语“让我成为最好的自我”等等。于是,梁老师趁机说:“你们对于我来说是新的学生,无论你原来是怎样的,那只代表过去。你原来是优秀也好,是很糟糕也好,我都不知道。我只想看到你们通过自己的努力,在我的面前有所进步,展现一个最好的自我,让我喜欢上你们。我不一定是最好的老师,但我会是最努力的老师,努力成为最好的自我。让我们共同努力吧!”

通过这两项工作,很快拉近了与学生的距离,对今后各项工作的开展打下了良好的基础。

二、积极参加集体活动作为鼓舞学生的契机

梁老师自带五年级这个班以来，经常会有学生包括学生的家长打听："有好班吗?""那个班是最好的吗?"这对于梁老师无形中增加了许多的压力。她想应首先在活动中让孩子肯定自己、肯定自己的班级。学校的运动会她积极组织学生参加，虽只拿了个并列第三名，但她却小题大做，让孩子有一些成功的喜悦。

在黑板报、手抄报获奖后，她更是小题大做了一番。让孩子们坚信自己的班并不差，只是还需要努力一点点就能赶上人家了。学校要进行广播操比赛了，她动员全班共同努力，争取取得一个好的名次，让学生明白，天上不会掉馅饼，只要有付出就会有回报，天道酬勤。好的班级是通过自己创造出来的。希望他们在今后的学习中通过自己的努力，取得理想的成绩。

三、培养好班委使自己省力又放心

班委是班级的中心，而班长又是这个中心当中的灵魂。因而一个班级中班长挑选得当，班上其他事务就会顺利得多。接手这个新班级后，梁老师没有急于组建班委，而是留出一段时间对学生进行观察，从中挑选出一个能挑大梁的人来当班长。这个学生必须正直无私讲原则，但又绝不能呆板不变通。他能够在必要的时候决断，及时处理班级事务；他能够敏锐地掌握班级风向，并主动及时地与老师交流，与同学们沟通。他还是学习上的尖子、思想上的标兵和活动中的能手，同学们的亲密伙伴和老师的得力助手。梁老师终于物色到了最佳人选小云，虽然魄力

还不够,但她认为,只要精心培养,她会成为自己的得力助手的。如果把班级看作一艘破浪前行的船的话,班长应该是舵手,而自己只须作个善于宏观调控的船长就行了。

四、在做好教学的同时给孩子们更多的展示空间

孩子的学习需要肯定,需要展示,这是对他们的一种激励。于是一开学梁老师在教室的墙壁上贴上了比一比看谁的书背得快,比一比看看谁的星最多,并且以这个为依据,一个月进行一次学习勤奋好队员的评比。充分利用学习园地,展示学生精美的作业,优秀的作文。墙壁上还贴上了学生的书法作品、国画作品等,既打扮了教室,又展示了学生的风采。她还以读书节活动为契机,组织学生人人动手制书卡、做手抄报,通过评比展示,学生的活动积极性很高。除此之外,还想充分利用学校网站的论坛,发表学生的习作,让学生能展示自己,提高写作的热情。

一个气氛和谐、民主平等的班级本身就是一个温暖的大家庭,她像一个巨大的磁场牢牢地吸引着每颗年轻的心,让每个学生都在这儿找到自己的位置。班主任工作是非常艰辛的,班级建设也是非常复杂的。他要求我们必须用更火热的心灵去感受学生,更宽阔的胸襟去包容学生。

典例介绍

每个学生都有自己的优点,班主任经常会以学生的成绩、课堂上的表现为标准来评判一个学生,这种做法是不对的。如果每一个班主任都能够放宽心态,就会发现,尽管那些特长生在某些方面不足,但是在很多方面他们原来应该受到优待,至少应该受

到表扬。

梁老师在一次出黑板报中惊喜地发现,那个学习有困难的学生——小虞,绘画很具有天赋。于是她就想,条条大路通罗马,不需要千军万马过独木桥。梁老师认为学生门门功课都好并没有什么,就怕他没有自己爱好的学科。既然他有自己的爱好,这是多么好的一件事情啊?

那一次,她小题大做地表扬了小虞。或许这样的画也只是在班级中出色,但梁老师仍给了他一个"班级小画家"的称号。在后来的板报、手抄报、包括读书笔记,他都是做得尽心尽力,梁老师也总是经常表扬他。

尽管后来小虞还是有太多的不尽如人意的地方,上课的时候不积极发言,不好好听讲,有小动作,和同学悄悄说话,作业不认真完成,还有时迟到早退,但梁老师从来不去打击他,对他还是以多鼓励、多表扬为主。尽管他的日记总是写得很短,梁老师还是发现了他一段精彩的心理描写,还小题大做地表扬了他的进步,并精心指导加了个开头,加了个结尾。小虞再做了一些修改,感觉还不错。在后面的几篇日记里,明显感觉到了他的进步。

梁老师这时突然发现,原来他缺少了对学习的热情,一旦有了,他就在进步。不知道他会持续多久,但梁老师会持续地对他小题大做。

问题不在于教他各种学问，而在于培养他爱好学问的兴趣，而且在这种兴趣充分增长起来的时候，教他以研究学问的方法。

——卢梭

对特长生文化课教学的思考

在教学实践中，教师们普遍感觉，艺术特长生的文化课难教，成绩提高不明显。根据张老师的观察分析，制约特长生文化课教学和成绩提高的因素主要有以下几点：

1. 文化课基础差。从中考招生入学成绩看，这些学生往往比普通高中学生的成绩平均低 100 分左右，他们多数是在初中阶段升入普高无望的情况下，被迫走“从艺”这条道，想以此为捷径，继续求学深造。

2. 学习习惯不好。“不好学、不会学”是这些学生的通病，大量的学习时间利用不起来，完不成学习任务，日积月累，形成恶性循环。

3. 不能正确处理文化课与专业课的关系。这些学生往往对专业课兴趣浓厚，把业余时间和自习课都用来学习专业，而把文化课置之一旁，造成文化课“欠账”多，跟不上。

4. 教师因素。个别教师没能从学生现状出发来组织教学，存在急躁情绪和抱怨学生的现象，使学生产生逆反心理，甚至出现厌学情绪。

鉴于以上几点，张老师结合自身教学实践并学习他人的经验，认为可从下列几方面着手解决：

1. 把好生源质量关。现阶段，文化课成绩已成为制约特长生毕业和升学的瓶颈。实践证明，只有吸收到专业课、文化课双优的生源或者专业课弱一点而文化课良好的生源，将来才有升学的希望（特招生除外）。

2. 加强教法研究、学法指导。文化课教师首先要加强教法研究，摸索一套适合艺术特长生特点的、行之有效的教学方法。同时搞好学法指导，从最基本的听课、记笔记、做作业来规范培养学生良好的学习习惯，使其“愿学、乐学、会学”。

3. 明确教学目标，确定教学原则。“专业课过硬，文化课过关”是我们在教学实践中提出的目标，而文化课追求会考过关，高考上线，在教学中贯彻“浅一点、快一点”和“有所为，有所不为”的思想，也就是把最基本的知识技能作为教学的重点，结合学生学习理科困难更大的实际，把文科各科作为突破口，强调和重视文化课中的文科教学，以文科成绩带动整体成绩的提高。

4. 选派得力班主任。班主任对良好的班风、学风建设起着关键作用。根据特长班的特点，班主任应该是管理经验丰富，责任心强，有一定艺术特长的教师。

张老师针对班里的特长生，首先确定了培养目标：

1. 结合学科教材内容的实际，首先培养特长生全面扎实地掌握基础知识，通过学习掌握基础知识来提高分析问题和解决问题的能力。

2. 除了把所学内容的基础知识掌握好外要运用课外活动时间给特长生进行课外辅导，将所学知识进行系统复习和综合，力求使学生对知识触类旁通。主要的辅导内容：①材料分析题，②简答题，③课外阅读资料，④课外历史知识。

张老师在确定了培养目标之后，又制定了详细具体的培养措施：

1. 对特长生在课堂教学中重点施教

在日常的课堂教学中，实行分层次教学手段，对特长生有意识地加大施教力度。教师从备课到讲课、课外作业到课外辅导，均体现施教措施，有意识地提高对他们的目标要求，加大对他们的训练面，调动他们积极地参与教学活动，以满足日常他们对知识的需求。

2. 组织有效的学科中心组活动

其形式包括历史知识讲座、课外阅读、办历史知识刊物、参观历史文物和历史古迹，以扩大学生的视野和拓宽他们的知识面，提高他们的学习积极性和学习成绩。

3. 组织历史知识竞赛

在本学期举的历史知识竞赛，加强对特长生学情的信息反馈，不断调整因材施教，以取得更大的成绩。

健康的心灵，是幸福的源泉。

——格言

关注体育特长生的心理健康

一提到体育特长生，很多人都这样认为：经过一段时间的刻苦训练，学生身体素质提高了，体育成绩提高了，考大学过体育这一关就没多大问题了。可事实上并不是这样的，往年高考有许多这样的事例：学生平时体育成绩很好，可是一到高考体育测试这一关就功亏一篑。而有的同学平时成绩平平，到了高考体测却取得了较理想的好成绩，为什么会出现这种情景呢？究其原因是学生的心理是否健康。这就对在高中一线工作的体育教师和班主任提出了更高的要求：在关注体育特长生身体素质的同时更要关注他们的心理素质，在训练的同时，促进他们的心理向健康的方向发展。王老师认为，为了保证体育特长生的心理健康，班主任应注意以下几点：

一、注意对体育特长生心理发展的指导和心理健康的维护

班主任是学校心理健康教育的主力军，是学生心理最直接的指导者。当学生出现暂时性的心理异常时，班主任应该及时对学生进行心理辅导，帮助学生克服暂时心理障碍，做学生心理健康的主要维护者。

二、注意增强并保持与特长生家长的联系

随着学生知识的增多和年龄的增长，特别是学生进入青春期后，会愈来愈表现出叛逆心理，而大多数家长对孩子的教育仍停留在原有水平。除了对孩子进行无休止的学习要求外，很少去关心孩子的内心世界和心理需求。作为班主任，关注特长生心理发展的同时，还有一个重要的工作就是及时、适时与家长进行沟通，对家长的教育方式进行必要的指导，引导家长关注特长生的心理需求，呵护特长生的心理成长，使学校教育与家庭教育有机结合。

三、注意发现体育特长生的心理问题

班主任是与体育特长生接触比较频繁的教师。作为受过专门心理学和教育学培训的教师，班主任应该有能力发现体育特长生存在的心理问题，对学生由于心理失衡而表现出的各种各样的外在行为，班主任应该具有敏感性。

四、增进体育特长生的自我了解，培养自我接受的态度

一个人能接受自己，就是指他没有显著的自卑。具有自卑感的人常有紧张和不安的心理时，他往往需要运用一些防卫行为消除心理上的紧张。最常用的自我防卫手段是将对自身不满或自责的态度，全部投射到别人身上去，但他和别人的关系却因此而受到严重影响。从这里可以看出，正确地认识自己、接受自己乃是青少年学生心理健康的一个重要条件。关于增进体育特长生的自我了解，培养他们的自我接受态度，班主任首先应当引导他们通过实践不断地了解自己的品质，并能诚实而平静地分析自己的优点和缺点，成功和失败。教育他们以具体的良好的行为取得别人的尊敬，发扬优点，注意从失败中引出积极的教训。其次，帮助体育特长生建立符合实际情况的志向水平（一个人对自己要达到的目的所规定的标准）。

典例介绍

班里有个叫小龙的体育特长生。小龙性格外向，积极上进，但是比较敏感。初中时他的成绩非常好，但是升高中的入学成绩却很低，班级倒数第二，他是作为体育特长生降分才进入高中的。

通过交流王老师发现小龙具有一定的抗挫折能力，于是就直言不讳的与他探讨了一些个人问题，大约两周要和他交流一次，内容有褒有贬，有什么说什么。

小龙经常毫无保留地和父母谈论自己的情况，于是他的家长就成了王老师直接的信息来源和好帮手。王老师与小龙的家长约定有什么情况都要及时交流，并定期

相互说说。例如家长曾跟王老师说起小龙在初中时很要强,同学之中的威信很高,很有责任心。于是在本学期王老师就委派小龙担任班干部,很多事情王老师都派给他做。这样一方面树立了他的信心,一方面又增加王老师与小龙接触的机会,增加彼此的信任与亲近,为更好地交流奠定了基础。

通过一段时间的努力,最后他们之间可以开诚布公、直言不讳的交流,小龙在班级工作中也主动投入,成为王老师的好帮手,最重要的是在这之后,小龙的学习状态一直保持着很好的态势,功课成绩呈上升趋势。